essentials

Essentials liefern aktuelles Wissen in konzentrierter Form. Die Essenz dessen, worauf es als „State-of-the-Art" in der gegenwärtigen Fachdiskussion oder in der Praxis ankommt. *Essentials* informieren schnell, unkompliziert und verständlich

- als Einführung in ein aktuelles Thema aus Ihrem Fachgebiet
- als Einstieg in ein für Sie noch unbekanntes Themenfeld
- als Einblick, um zum Thema mitreden zu können

Die Bücher in elektronischer und gedruckter Form bringen das Fachwissen von Springerautor*innen kompakt zur Darstellung. Sie sind besonders für die Nutzung als eBook auf Tablet-PCs, eBook-Readern und Smartphones geeignet. *Essentials* sind Wissensbausteine aus den Wirtschafts-, Sozial- und Geisteswissenschaften, aus Technik und Naturwissenschaften sowie aus Medizin, Psychologie und Gesundheitsberufen. Von renommierten Autor*innen aller Springer-Verlagsmarken.

Helmut Siller

Korruption vorbeugen

Wie österreichische KMU die Risiken
für Korruption möglichst
geringhalten

 Springer Gabler

Helmut Siller
Dr. Siller Betriebsberatung
Oberalm, Österreich

ISSN 2197-6708   ISSN 2197-6716   (electronic)
essentials
ISBN 978-3-658-48834-5   ISBN 978-3-658-48835-2   (eBook)
https://doi.org/10.1007/978-3-658-48835-2

Die Deutsche Nationalbibliothek verzeichnet diese Publikation in der Deutschen Nationalbibliografie; detaillierte bibliografische Daten sind im Internet über https://portal.dnb.de abrufbar.

Springer Gabler ist ein Imprint der eingetragenen Gesellschaft Springer Fachmedien Wiesbaden GmbH und ist ein Teil von Springer Nature.
Die Anschrift der Gesellschaft ist: Abraham-Lincoln-Str. 46, 65189 Wiesbaden, Germany

Was Sie in diesem *essential* finden können

- Wichtige Begriffe zu Korruption und ihren Formen
- Bedeutung von Anti-Korruptions-Bemühungen in kleinen und mittleren Unternehmen (KMU)
- Empirische Daten zu Korruption in Österreich
- Überlegungen zu den Ursachen von Korruption
- Hinweis auf die überragende Bedeutung der individuellen Einstellung zu Integrität
- Ein Integrity Management System als Konzept zu Korruptionsprävention und -kontrolle in KMU

Vorwort

Vor über 35 Jahren textete Reinhard Fendrich seinen Song „**Tango korrup-
ti**", in dem er Beispiele für Schmiergeldzahlungen gekonnt und amüsant als
„Kavaliersdelikt" schildert, andererseits aber auch zum Nachdenken anregen
wollte.

Seither hat Österreich seine Anti-Korruptions-Gesetzgebung verschärft. Was
hat das gebracht? Im Korruptions-Ranking ist Österreich 2024 so schlecht
platziert wie seit 1995 nicht.

„Korruption? Doch nicht in meinem Unternehmen, ich kenne ja meine Leute!"
Könnte diese Aussage von Ihnen als Geschäftsführer eines KMU stammen?
Dann sollten Sie weiterlesen, denn die folgenden Seiten könnten Sie vorsich-
tiger machen und Sie zu folgender Frage führen: „**Kenne ich meine Leute und
meine Geschäftspartner wirklich**"?

Aus der Geldwäscheprävention stammt der Appell: „**Know your Customer!**"
(„**KYC!**") (engl. für „Lerne Deinen Kunden kennen"); darunter versteht man die
Aufforderung an die Finanzbranche, die persönlichen Daten und Geschäftsdaten
von Neukunden eines Instituts zur Prävention vor Geldwäsche und Terroris-
musfinanzierung zu prüfen. Dieses Konzept wird in der breiteren Fassung
„**Know your partner!**" („**KYP!**") ein wichtiger Teil des Maßnahmenpakets zur
Korruptionsprävention sein.

Korruption widerspricht rechtlichen, moralischen und gesellschaftlich akzep-
tierten Werten. Dazu zählen (passive) Bestechlichkeit und (aktive) Bestechung
ebenso wie „Anfüttern" und der Missbrauch einer Vertrauensstellung in Verwaltung, Justiz, Politik und Wirtschaft (vgl. BAK 2020, S. 9).

Im vorliegenden Buch geht es nur um **Korruption im privaten Sektor** (B2B-Korruption). Es richtet sich vor allem an Führungskräfte und Compliance-Verantwortliche in österreichischen Klein- und Mittel-Unternehmen (KMU), gleichgültig, ob gewinnorientiert oder als NPO geführt, sowie an kleine und mittelgroße Einrichtungen oder Betriebe der öffentlichen Hand.

Ich wünsche Ihnen viele Erkenntnisse bei Lesen des Buchs und beim Arbeiten mit dem Buch.

Helmut Siller

Inhaltsverzeichnis

Einleitung

Für Korruption gibt es unterschiedliche Definitionen, die im Kern aber ident sind und sich mit der Definition der EU-Kommission decken (vgl. Sickinger 2011, S. 14; BAK 2020, S. 8; WKO 2024a, o. S.; Heber, F. et al. 2020, S. 17; ISO 2025, o. S.):

▶ **Definition** Korruption ist Machtmissbrauch zur Erlangung privater Vorteile.

Private Vorteile gehen weiter als nur persönliche Vorteile, wie das folgende Beispiel zeigt:

Beispiel für typische private Vorteile

A: Grüß Gott, ich bin Dr. A, Abteilungsleiterin der J-Textilkette. Meine Tochter hat vor kurzem ihr Studium abgeschlossen, sie ist sehr kreativ und würde gerne in Ihrer Agentur arbeiten. Darf sie Ihnen direkt ihre Bewerbung schicken?

B: Guten Tag, Frau Doktor, ja gerne, wir freuen uns immer über zielstrebige Talente.

A: Vielen Dank. Es würde sehr mich freuen, wenn Sie sie aufnehmen könnten. Wir werden übrigens in sechs Wochen unsere Werbekampagnen neu ausschreiben.

B: Und uns würde es sehr freuen, wenn Sie uns zur Ausschreibung einladen würden. Ich kann ja die Bewerbung Ihrer Tochter vorreihen.

A: Wie schön, wir verstehen einander, dann bis bald!◄

© Der/die Autor(en), exklusiv lizenziert an Springer Fachmedien Wiesbaden GmbH, ein Teil von Springer Nature 2025
H. Siller, *Korruption vorbeugen*, essentials,
https://doi.org/10.1007/978-3-658-48835-2_1

Etymologisch bedeutet das Wort Korruption – abgeleitet aus lat. corrumpere – Bestechlichkeit, Käuflichkeit, Verderbtheit, Sittenverfall. Das Verwerfliche an Korruption ist ganz klar gesagt: **Geld zählt mehr als Leistung.** Im obigen Beispiel wäre die Lösung: Die Tochter soll ihre Fähigkeiten fair im Wettbewerb mit anderen Bewerbern testen, und zwar ohne Protektion durch ihre Mutter.

Korruption liegt vor, wenn ein Entscheidungsträger unzulässige bzw. ihm nicht zustehende Vorteile erhält („**Nehmer**", Bestochener, engl. bribee) bzw. sie ihm vom „**Geber**" (dem Bestechenden, engl. briber) angeboten werden: Die Aufgabenerfüllung des Nehmers orientiert sich an Vorteilen, die ihm nicht zustehen. Ziel des Gebers ist es, eine Leistung zu erhalten, die er anders nicht oder erst später bekommen hätte.

> ▶   **Merke** Das für Korruption Typische liegt in einer **heimlichen Austauschbeziehung der Korruptionsakteure,** also der Begünstigung eines anderen als Gegenleistung für eine „Zuwendung" bzw. „Gefälligkeit". Durch Korruption beeinflusste Entscheidungen werden nicht entsprechend betriebswirtschaftlicher Überlegungen und transparenter Wettbewerbsregeln, sondern aufgrund **persönlicher Interessen, Macht- oder Geldgier** getroffen.[1]

Korruption geschieht idR im Verborgenen. Geschädigte bekommen von der korruptiven Aktion meist nichts mit, weil TäterInnen großes **Interesse an der Verschleierung** der Tat haben und der Schaden auch nicht sofort ersichtlich wird (vgl. TI Austria 2023, S. 7).

An die Stelle der für strafrechtliche Delikte typischen Täter-Opfer-Beziehung tritt bei Korruption damit eine **Doppeltäter-Opfer-Beziehung.** Opfer sind nicht nur Personen bzw. Organisationen, die eben nicht in den Genuss von Genehmigungen, Aufträgen, Leistungen oder anderen Vorteilen kommen, sondern auch die Allgemeinheit als Wählerschaft bzw. Steuerzahler z. B. aufgrund zu teuer beschaffter oder qualitativ schlechter (öffentlicher) Vorleistungen (vgl. Sickinger 2011, S. 14; BAK 2019, S. 35; Wells und Kopetzky 2012, S. 268). Auf der Strecke bleibt auch **Vertrauen** in die Beteiligten.

---

[1] Wohin das führen kann, zeigen unzählige Beispiele von „Bausünden" infolge Bestechung von Behörden (Korruption im öffentlichen Sektor) im Ausland, wo Unschuldige die Gier Weniger regelmäßig mit ihrem Leben bezahlen. Zur sehr umfangreichen Literatur vgl. z.B. Dimant (2013, S. 39).

Rechtlicher Rahmen

2

2.1 Korruptionsrelevante Normen

Die wichtigsten Anti-Korruptionsbestimmungen finden sich in den §§ 302 bis 309 StGB, für den Privatsektor gilt § 309.

§ 309 StGB

1. Ein Bediensteter oder Beauftragter eines Unternehmens, der im geschäftlichen Verkehr für die pflichtwidrige Vornahme oder Unterlassung einer Rechtshandlung von einem anderen für sich oder einen Dritten **einen Vorteil fordert, annimmt oder sich versprechen lässt,** ist mit Freiheitsstrafe bis zu zwei Jahren zu bestrafen.
2. Ebenso ist zu bestrafen, wer einem Bediensteten oder Beauftragten eines Unternehmens im geschäftlichen Verkehr für die pflichtwidrige Vornahme oder Unterlassung einer Rechtshandlung für ihn oder einen Dritten **einen Vorteil anbietet, verspricht oder gewährt.**
3. Wer die Tat in Bezug auf einen 3000 € übersteigenden Vorteil begeht, ist mit **Freiheitsstrafe** bis zu drei Jahren zu bestrafen. Übersteigt der Vorteil 50.000 €, ist die Tat mit Freiheitsstrafe von sechs Monaten bis zu fünf Jahren zu bestrafen.

Das bedeutet (vgl. BAK 2020, S. 20; WKO 2024a, o. S.; TI Austria 2023, S. 12): Strafbar ist die Tathandlung des **Forderns, Annehmens, Sich-versprechen-Lassens bzw. Anbieten, Versprechen oder Gewähren eines Vorteils** für eine pflichtwidrige Vornahme oder Unterlassung einer Rechtshandlung durch einen Bediensteten oder Beauftragten eines Unternehmens im geschäftlichen Verkehr.

© Der/die Autor(en), exklusiv lizenziert an Springer Fachmedien Wiesbaden GmbH, ein Teil von Springer Nature 2025
H. Siller, *Korruption vorbeugen*, essentials,
https://doi.org/10.1007/978-3-658-48835-2_2

Als **Vorteil** wird jede Leistung materieller oder immaterieller (z. B. Unterstützung bei einer Bewerbung) Art angesehen, die den Täter besserstellt (die ihm nützlich ist) und auf die er keinen rechtlich begründeten Anspruch hat. Vorteile, die nicht in Geld bewertbar sind oder **100 €** nicht übersteigen, werden vom Tatbestand nicht erfasst.

Korruptionsstrafrechtlich relevante **Vorteile** als Leistung bzw. Gegenleistung sind vor allem (vgl. BAK 2019, S. 17 f.):

- Geld und Wertgegenstände;
- Gutscheine, Freiflüge, Freitickets, Lotterielose;
- Beförderungen, höher bezahlte Jobs;
- Bessere Arbeitsbedingungen oder Auszeichnungen
- Gefälligkeits-Gutachten oder -atteste
- Einladungen zu Essen, Urlaubsreisen, Sport-, Kultur- oder Jagdveranstaltungen
- Kampagnenbeiträge, manipulierte Ausschreibungen
- Sexuelle Handlungen;
- Rechtliche Vorteile, wie etwa Fristverlängerungen oder das Vorziehen eines Antrags
- Gewünschte Spielergebnisse („Schiebungen").

Von praktischer Bedeutung sind auch **Scheingeschäfte,** durch die eine Zuwendung verschleiert werden soll, wie z. B. bei fiktiven Beraterverträgen oder „Leistungen" zu überhöhten Honoraren (vgl. Eder-Rieder 2014, S. 75).

Pflichtwidrig ist jedes (vorgenommene oder unterlassene) treuwidrige Verhalten, das eine Verletzung eines Gesetzes, einer beruflichen Vorschrift, eines Vertragsverhältnisses (z. B. Arbeitsvertrag) oder einer Weisung darstellt, die für geschäftliche Aufgaben der betroffenen Person gilt. Pflichtwidrig ist die Rechtshandlung grundsätzlich dann, wenn der Täter gegen seine Pflichten aus dem Innenverhältnis verstößt. Nach der Rechtsprechung kann z. B. schon die Vorreihung eines Anliegens pflichtwidrig sein.

Bedienstete sind Arbeiter, Angestellte, aber auch Geschäftsführer und andere Organmitglieder juristischer Personen, etwa Aufsichtsräte. **Beauftragte** sind Personen, die rechtsgeschäftlich für ein Unternehmen handeln dürfen oder die zumindest faktisch eine Möglichkeit zur Beeinflussung betrieblicher Entscheidungen haben, ohne jedoch in einem dienstrechtlichen Verhältnis zu dem Unternehmen zu stehen.

Im **geschäftlichen Verkehr** ist **Gewinnabsicht nicht erforderlich.** Es genügt eine selbständige, zu wirtschaftlichen Zwecken ausgeübte Tätigkeit. Als Rechtshandlung kommt jede Handlung rechtsgeschäftlicher oder prozessualer Art in

Frage. So können auch Einrichtungen, die politische oder gemeinnützige Ziele verfolgen, im geschäftlichen Verkehr stehen, wie z. B. Vereine. Der Begriff des „Anfütterns" (Vorteilsannahme zur Beeinflussung/ Vorteilszuwendung zur Beeinflussung („Klimapflege", „Vitamin P"; P wie Protektion) ist nur im öffentlichen Bereich im Bezug auf das Zuwenden von Vorteilen an Amtsträger oder Mitarbeiter öffentlicher Institutionen strafbar (vgl. TPA 2019, o. S.).

Im privaten Bereich ist „Anfüttern" **nicht unter Strafe gestellt,** also „nur" nach **moralischen Aspekten** zu beurteilen. „Anfüttern" ist Anbahnen von Korruption: Mit Gefälligkeiten wird Dankbarkeit erzeugt („Kleine Geschenke erhalten die Freundschaft."). Das allmähliche Steigern des Ausmaßes der Vorteile führt u. U. zu Abhängigkeit und Erpressbarkeit (vgl. Stadt Wien 2015, S. 51).

Relevant ist auch der Straftatbestand der verbotenen Geschenkannahme durch Machthaber (§ 153a StGB).

§ 153a StGB

Wer für die Ausübung der ihm durch Gesetz, behördlichen Auftrag oder Rechtsgeschäft eingeräumten Befugnis, über fremdes Vermögen zu verfügen oder einen anderen zu verpflichten, einen nicht bloß geringfügigen Vermögensvorteil angenommen hat und pflichtwidrig nicht abführt, ist mit Freiheitsstrafe bis zu einem Jahr oder mit Geldstrafe bis zu 720 Tagessätzen zu bestrafen.

Vorteile, die nicht in Geld bewertbar sind oder 100 € nicht übersteigen, werden vom Tatbestand auch hier nicht erfasst (vgl. TI Austria 2023, S. 12).

Grundsätzlich zu beachten ist die **Sorgfaltspflicht** „eines ordentlichen Unternehmers" (§ 347 UGB), „eines ordentlichen und gewissenhaften Geschäftsleiters" (§ 84 AktG) bzw. „eines ordentlichen Geschäftsmannes" (§ 25 GmbHG). Das bedeutet, dass eine Führungskraft bei einer unternehmerischen Entscheidung „sich nicht von sachfremden Interessen leiten" lassen darf und „auf der Grundlage angemessener Information" annehmen darf, „zum Wohle der Gesellschaft" zu handeln (§ 84 AktG und § 25 GmbHG). Vorteile aus korruptiven Handlungen sind **sachfremde Interessen.**

In § 84 AktG und § 25 GmbHG ist auch die **Business Judgement Rule** berücksichtigt. Sie besagt: Unternehmerische Entscheidungen können ohne das Risiko einer persönlichen Haftung getroffen werden, wenn sie unter Berücksichtigung einer angemessenen Informationslage, frei von Eigeninteressen, zum Wohl des Unternehmens, unbefangen, sachkundig und im guten Glauben getroffen werden. Daher sollte schon im eigenen Interesse der Vermeidung einer Haftung immer dann die Entscheidung einem Dritten überlassen werden, wenn auch nur der Anschein („**schiefe Optik**") eines Interessenkonflikts oder ein Korruptionsverdacht vorliegt (vgl. TI Austria 2022, S. 17 f., 2023, S. 44 f.; Griss 2018, o. S.).

Das **Verbandsverantwortlichkeitsgesetz** (VbVG, „Unternehmensstrafrecht") idF des KorrStrÄG 2023 regelt, unter welchen Voraussetzungen Verbände für Straftaten verantwortlich sind; Verband steht für juristische Personen (vor allem AG und GmbH) und für Personengesellschaften (vor allem OG und KG). Als Delikte kommen u. a. aktive und passive Bestechung in Betracht. Als Bestimmungstat (Anstiftung) oder Beitragstat (Mithilfe) kommen z. B. Untreue oder Geschenkannahme durch Machthaber in Betracht. Ein Verband kann für Straftaten einer natürlichen Person belangt werden, die dem Verband (dem Unternehmen) zugerechnet werden können (vgl. WKO 2024c, o. S.; Siller 2015, S. 264).

2.2   Abgrenzung zu Untreue, Veruntreuung und Betrug

Abzugrenzen ist Korruption vor allem von Untreue, Veruntreuung und Betrug.

Untreue (153 StGB)
Wer seine Befugnis, über fremdes Vermögen zu verfügen oder einen anderen zu verpflichten, wissentlich missbraucht und dadurch den anderen am Vermögen schädigt, ist mit Freiheitsstrafe bis zu sechs Monaten oder mit Geldstrafe bis zu 360 Tagessätzen zu bestrafen.

Seine Befugnis missbraucht, wer in unvertretbarer Weise gegen solche Regeln verstößt, die dem Vermögensschutz des wirtschaftlich Berechtigten dienen.

Beispiele

Beispiele für Untreue (vgl. Flatz 2024, o. S.; BAK 2024, S. 15 f.):

- Eine Bankangestellte gewährt einen Kredit in großer Höhe, obwohl der Kreditnehmer über keine Sicherheiten verfügt und auch in nächster Zeit kein Einkommen erzielen wird.
- Ein Geschäftsführer verkauft ein unternehmenseigenes Grundstück unter Marktwert an einen Freund.
- Ein Vorstand genehmigt überhöhte Spesenabrechnungen oder Parteispenden.

Beispiele für Befugnismissbrauch:

- Die Bankangestellte vergibt einen Kredit, obwohl die Ergebnisse der vorgeschriebenen Bonitätsprüfung dies nicht erlauben.
- Der Geschäftsführer verkauft ein unternehmenseigenes Grundstück unter Marktwert an einen Bekannten, obwohl dies gegen interne Vorgaben verstößt.◄

Veruntreuung (§ 133 Abs. 1 StGB)

Veruntreuung ist die unsachgemäße Verwahrung von Vermögen: Wer ein Gut, das ihm anvertraut worden ist, sich oder einem Dritten mit dem Vorsatz zueignet, sich oder den Dritten dadurch unrechtmäßig zu bereichern, ist mit Freiheitsstrafe (…) oder mit Geldstrafe (…) zu bestrafen.

Beispiele für Veruntreuung (vgl. Flatz 2024, o. S.)

- Ein Bankangestellter nimmt Geld, das ihm anvertraut wurde, und bereichert sich damit unrechtmäßig.
- Eine Arbeitnehmerin verkauft ein Firmenfahrzeug, das ihr nur zur dienstlichen und privaten Nutzung überlassen wurde, und behält ohne Erlaubnis den Erlös.◄

Betrug (§ 146 StGB)

Wer mit dem Vorsatz, durch das Verhalten des Getäuschten sich oder einen Dritten unrechtmäßig zu bereichern, jemanden durch Täuschung über Tatsachen zu einer Handlung, Duldung oder Unterlassung verleitet, die diesen oder einen anderen am Vermögen schädigt, ist mit Freiheitsstrafe (…) oder mit Geldstrafe (…) zu bestrafen.

Korruption als Form der Unternehmenskriminalität

Bezüglich der Abgrenzung kleiner und mittlerer Organisationen bzw. Unternehmen (KMU) gilt die Definition der Europäischen Kommission. Die Kriterien zur Begriffsabgrenzung sind:

- Beschäftigtenzahl
- Umsatz oder Bilanzsumme
- Eigenständigkeit (vgl. Tab. 3.1).

Die dargestellten Werte stellen Höchstwertgrenzen dar. Werden die Schwellenwerte für Mittel-Unternehmen überschritten, liegt ein Großunternehmen vor.

Eigenständigkeit als weiteres Kriterium ist insofern von Bedeutung, als KMU, die einem Konzern angehören, über Ressourcen verfügen, die eigenständige Konkurrenzunternehmen nicht haben. Die meisten KMU sind eigenständig, d. h. entweder völlig unabhängig oder es bestehen Partnerschaften mit anderen Unternehmen mit einer oder mehreren Minderheitsbeteiligungen (von jeweils unter 25 %; vgl. KMU Forschung 2025, o. S.).

Rd. 99,7 % aller Unternehmen in Österreich sind KMU, d. s. rd. 600.000 Unternehmen. Diese brachten es 2022 auf rd. **611 Mrd. € Umsatz,** € 160 Mrd. Bruttowertschöpfung und hatten rd. 2,46 Mio. Beschäftigte (vgl. KMU Forschung 2025, o. S.).

Die **Association of Certified Fraud Examiners (ACFE),** eine internationale NPO mit Sitz in Texas, ist vor allem in der Bekämpfung von Wirtschaftskriminalität (Fraud) tätig. ACFE ermittelt in ihrem Bericht 2024 eine jährliche Schadenssumme auf Grund von Unternehmenskriminalität von 3,1 Mrd. USD

© Der/die Autor(en), exklusiv lizenziert an Springer Fachmedien Wiesbaden GmbH, ein Teil von Springer Nature 2025
H. Siller, *Korruption vorbeugen*, essentials,
https://doi.org/10.1007/978-3-658-48835-2_3

Tab. 3.1 Größeneinteilung der Unternehmen. (Quelle: In Anlehnung an KMU Forschung 2025, o. S.; EU-Kommission 2003, S. 4)

Kategorie	Beschäftigtenzahl	Umsatz pro Jahr	Bilanzsumme
Mittel-Unternehmen	<250	<oder gleich 50 Mio. €	<oder gleich 43 Mio.
Kleinunternehmen	<50	<oder gleich 10 Mio. €	<oder gleich 10 Mio.
Kleinstunternehmen	<10	<oder gleich 2 Mio. €	<oder gleich 2 Mio.

und schätzt für die betroffenen Unternehmen eine **Umsatzeinbuße von 5 % pro Jahr** (vgl. ACFE 2024, S. 4).

Umgelegt auf die Umsatzziffer der österreichischen KMU 2022 von rd. 611 Mrd. € ergibt sich beim Schätzwert von 5 % eine **potenzielle Schadenssumme in österreichischen KMU von rd. € 30,5 Mrd. €.** Dafür sollte es sich für KMU schon lohnen, Korruption nach Möglichkeit vorzubeugen und Korruption konsequent den Kampf anzusagen.[1]

Korruption ist eine Form von **Wirtschaftskriminalität.**[2] **Fraud** (lat. fraus, fraudis: Betrug, Täuschung; engl. Betrug, Fälschung, List, Schwindel, Unterschlagung) ist der Sammelbegriff für verschiedene Arten von Wirtschaftskriminalität i.A. und von **Unternehmenskriminalität** im Besonderen. ACFE definiert „Fraud" als Aktivität, die auf Täuschung beruht, um einen Gewinn zu erzielen (vgl. ACFE 2025, o. S.). In dieser Definition fehlt aber etwas Wesentliches: Der Missbrauch von Vertrauen, durch den Fraud entsteht.

▶ **Definition** Vertrauen ist die Fähigkeit, auch unter ungewissen Bedingungen an etwas oder jemanden zu glauben bzw. einer Möglichkeit Raum und Zeit zu geben, Wirklichkeit zu werden. Jemandem zu vertrauen bedeutet, desse Verhalten als vorhersagbar einzuschätzen.

---

[1] Ähnlich lautet eine andere Schätzung: Die 3,3 Mio. Unternehmen in Deutschland erzielten 2017 einen Umsatz von 6,65 Bill. €. Der Umsatzverlust durch Korruption von geschätzt über rd. 6 % entspricht Umsatzeinbußen von rd. 412 Mrd. €. Dieser Umsatz wird tw. dennoch erzielt, nur eben mit verbotenen Mitteln wie u. a. unter Umgehung von Ausschreibungsregeln (vgl. Enste 2021, o. S.).

[2] Vom lat. crimen: Beschuldigung, Anklage, Schuld, Verbrechen. Von kriminell spricht man, wenn das Verhalten strafrechtlich relevant ist.

▶ **Definition** Wirtschaftskriminelle Handlungen sind „(…) illegale Handlungen, die sich in vorsätzlicher Täuschung, Verschleierung oder **Vertrauensmissbrauch** ausdrücken. Sie werden begangen, um in den Besitz von Geld, Vermögensgegenständen oder Dienstleistungen zu gelangen, um Zahlungen zu vermeiden oder um sich einen persönlichen oder geschäftlichen Vorteil zu verschaffen" (Hofmann 2008, S. 57; ähnlich Schutzverband o. J., o. S.).

Unternehmenskriminalität findet im bzw. zwischen Unternehmen (Corporate fraud, occupational fraud, B2B-Kriminalität) statt.

Arten und Beispiele von Korruption   **4**

Die Formen von Korruption können nach mehreren Kriterien eingeteilt werden.

4.1 Nach dem Umfang

Je nach Umfang lassen sich „**Petty Corruption**" („Freundschaftsdienste", also Kleinkorruption, die Gelegenheits-, Einzelfall- und Bagatellkorruption umfasst) und **Großkorruption** unterscheiden (vgl. Bannenberg 2009, S. 366 und 369, Dimant 2013, S. 36).

Ähnlich kann unterschieden werden zwischen trivialer Korruption („**Petty Corruption**"), Alltagskorruption („**Routine Corruption**") – Standardpraktiken, um einen materiellen Nutzen zu erlangen (z. B. Geschenke, „Vetternwirtschaft"), und schwerer Korruption („**Aggravated Corruption**"). Letztere ist gleichzusetzen mit Großkorruption (kann z. B. zur Entstehung von Organisierter Kriminalität (OK) führen (vgl. Stockhammer 2011, S. 25 f.).

4.2 Nach der Struktur

Je nach der Strukturdimension wird zwischen situativer und struktureller Korruption unterschieden (vgl. BKA 2021, o. S.). Das BAK (2018, o. S.) geht von drei Formen aus:

© Der/die Autor(en), exklusiv lizenziert an Springer Fachmedien Wiesbaden GmbH, ein Teil von Springer Nature 2025
H. Siller, *Korruption vorbeugen*, essentials,
https://doi.org/10.1007/978-3-658-48835-2_4

- **Situative Korruption** wird spontan in einer „günstigen" Situation begangen. Sie ist nicht lange geplant oder vorbereitet. Ausschlaggebend ist eine günstige Gelegenheit, z. B: Ein Patient braucht rasch einen Operationstermin, er gibt dem Arzt ein Kuvert mit 500 € („Kuvertmedizin", TI Austria 2016, S. 69) und schon kommt ein baldiger Operationstermin zustande.
- **Strukturelle Korruption** ist langfristig angelegt, bewusst geplant und vorbereitet. Beispiel: Innerhalb einer Station des öffentlichen Krankenhauses ist es üblich, die erforderlichen Medizinprodukte von einer bestimmten Firma nur gegen eine finanzielle Belohnung für den Arzt, der sie beschafft, zu kaufen (vgl. BAK 2019, S. 10).
- **Systemische Korruption** liegt vor, wenn Korruption große gesellschaftliche Bereiche oder politische Systeme erfasst; z. B. ist Korruption im Zusammenhang mit Steuereinziehung ein Phänomen, das existiert, seit Steuern eingehoben werden. Zur systemischen gehört auch die **politische Korruption.**

Oft kann zwischen privat und öffentlich nicht mehr unterschieden werden, da der Einfluss privater Akteure auf hoheitliche Entscheidungen immer mehr zunimmt; ebenso wie privatwirtschaftliche Aktivitäten von Amtsinhabern zunehmen (vgl. Stockhammer 2011, S. 22). Viele Täter beginnen „klein" und – wenn sie nicht erwischt werden – werden immer dreister und weiten ihre Aktivitäten aus (Fellmann 2010, S. 9). Er bezeichnet diese Form als **„Automatische Korruption".**

4.3   Nach den Kategorien im sog. „Fraud Tree"

Zur Kategorisierung doloser Delikte entwickelte die ACFE den sog. „Fraud Tree" (mit Kategorien wirtschaftskrimineller Delikte, vgl. ACFE 2016, S. 1) und subsumiert unter occupational fraud:

- Vermögensschädigungen (Asset missapropriation)
- Manipulation in der Rechnungslegung (Fraudulent Financial Statements)
- Korruption (Corruption)

Im Fraud Tree wird Korruption weiter in **vier Bereiche** unterteilt:

4.3.1 Geschenke

Geschenkvergabe bzw. -annahme ist oft das „Vorspiel" zu Bestechung bzw. Bestechlichkeit; nur ist die Beeinflussung einer Entscheidung durch Geld bzw. Geldäquivalente noch nicht erfolgt („**Vorab-Korruption**"). Entscheidend sind **Wert, Angemessenheit und Häufigkeit** eines Geschenks. Ab wann zieht es eine Verpflichtung nach sich oder beginnt, eine Entscheidung zu beeinflussen? Warum wurde das Geschenk angeboten oder angenommen? Cui bono? (Wem nützt es?) (vgl. TI Deutschland 2014, S. 9 f.)

Gelegentliche Geschäftsessen sind nicht problematisch, teure Essen mit Übernachtung samt Ehepartner in einem 5-Sterne-Hotel hingegen schon (vgl. TI Deutschland 2014, S. 10). Die **100 €-Grenze** ist zur Unterscheidung in der Praxis recht hilfreich.

Die Grenzen zwischen Gebrauch und Missbrauch von Macht sind fließend. Es fängt nicht gleich mit „Bildungsreisen" an, die z. B. von der E-Wirtschaft bezahlt werden, um ein positives Geschäftsklima herzustellen bzw. Vertragsverlängerungen zu erreichen. „Kleine Gesten" dienen dem „**Anfüttern**", der „Gestaltung eines günstigen Geschäftsklimas". Einladungen führen zu einem Klima der Nähe und in eine „Grauzone der Intransparenz" (Heinrich Böll Stiftung 2021, o. S.).

Das ist der fruchtbare Nährboden für Interessenkonflikte und Bestechung bzw. Bestechlichkeit („**immaterielle Korruption**" TI Austria 2023, S. 4). Diese ist ein in Österreich weit verbreitetes Korruptions-Phänomen, ohne dass es bewusst als solches wahrgenommen wir. (vgl. TI Austria 2023, S. 4). Hier noch Beispiele (Tab. 4.1):

4.3.2 Interessenkonflikte

Ein Interessenkonflikt (Unvereinbarkeit) liegt vor, wenn Mitarbeitende oder Führungskräfte eines Unternehmens ein **nicht offengelegtes, persönliches Interesse** an einer Transaktion hat, die geeignet ist, sich nachteilig auf den Arbeitgeber bzw. die Organisation auszuwirken.

Beispiele für Interessenkonflikte

Beispiel 1

Eine leitende Angestellte empfiehlt ihrem Arbeitgeber ihre eigene Firma für Reparaturarbeiten, ohne ihre (Mit-)Eigentümerschaft offenzulegen.

Tab. 4.1 Zwei Beispiele für „Anfüttern". (Quelle: Eigener Input und von TI Austria 2023, S. 26 f.)

Fall	Problem	Korrekte Lösung
A ist eine angesehene und erfolgreiche Industrielle. Ihre Abendveranstaltungen sind bekannt, Einladungen dafür sind sehr begehrt, trifft sich doch dort das „Who is Who" der Wirtschaft. Die Gästeliste erstellt A persönlich, natürlich auch mit strategischen Überlegungen in Hinblick auf künftige Geschäfte. Einige Bekannte von A wie Herr T sind bei jedem Termin Fixteilnehmer, was auch bekannt ist. Eines Tages tritt sein Geschäftspartner M an A heran und ersucht sie um eine Einladung zum nächsten Event. Er möchte in einer ungezwungenen und diskreten Atmosphäre mit T in Kontakt treten und mit ihm ein Projekt besprechen. M bietet A sogar Geld für seine Teilnahme, denn wenn es so läuft, wie er sich das vorstellt, führt der Kontakt zu einem netten Auftrag. Doch A lehnt wie immer großzügig ab und gibt M eine Einladung	A erzeugt mit den Einladungen Abhängigkeiten. Denn nun schuldet ihr M einen Gefallen. Das Ausnützen solcher Abhängigkeit kann zu Interessenkonflikten führen	Kein kostenloses Networking mit zwielichtigen Absichten veranstalten bzw. solche Einladungen nicht annehmen bzw. dort nicht „packeln"

(Fortsetzung)

Tab. 4.1 (Fortsetzung)

Fall	Problem	Korrekte Lösung
A: Wir kennen uns doch schon sehr lang und I hab Dir immer die Stange gehalten. Du hast doch als GF Deine Connections. Ich such' auch a Führungsposition! B: Freilich, wovon hast denn a Ahnung und was tätest gern? A: Ich kenn' mi a bisschen mit Weiterbildung aus ... B: Bildung? Klass', Du, das trifft sich ... Ein guter Bekannter in einer GmbH baut eine interne Academy auf, dort kannst Dich bewerben A: Super, aber wann da mehrere Bewerber zusammen kommen, was mach ma dann? B: Dann ruf' i glei mein Spezl an und sag ihm, dass Du jedenfalls vorgereiht werden sollst A: Wann des klappt, dann hast was gut bei mir!	Versuch des Postenschachers; Absage an das Prinzip fairen Personal-Wettbewerbs	Postenschacher weder versuchen noch zulassen

Beispiel 2

Jedes Jahr wird ein wichtiges ESG (Environment, Social, Governance)-Ranking erstellt, das KMU nach ihren Leistungen für mehr Nachhaltigkeit bewertet. Der Verantwortliche für dieses Ranking, Herr A, ist ein enger Freund des Geschäftsführers B, der bisher für das Thema Nachhaltigkeit in seinem Unternehmen noch nicht viel übrighatte. Da A und B schon seit vielen Jahren befreundet sind, hilft A dem B auch jetzt: Das Unternehmen von B nimmt schließlich im Ranking einen der vordersten Plätze ein, obwohl es in Wirklichkeit und zu fairen Bedingungen viel schlechter bewertet worden wäre (vgl. TI Austria 2023, S. 23).◄

Lösung in beiden Fällen: Offenlegung der Interessenskonflikte, in 1 durch die leitende Angestellte, in 2 durch A; zudem in 1 Einholen weiterer Angebote, in 2 eine andere, unbefangene Person mit der Entscheidung im Ranking beauftragen.

Die **Manipulation von Ausschreibungen** ist ein weiteres probates „Spielfeld" für Korruption. Manipulation liegt dann vor, wenn ein „frisiertes" Angebot gefordert oder abgegeben wird, das auf einer rechtswidrigen (Preis-)Absprache und oft der Zahlung einer „Provision" als „Dankeschön" beruht (vgl. Wells und Kopetzky 2012, S. 272–277).

Beispiel

A: Grüß Dich, sag', kannst du mir bei der Ausschreibung für das Garagenprojekt helfen? Das entscheidet bald der C.

B: Was kann ich tun?

A: Ich muss wissen, wo die anderen Angebote preislich liegen.

B: Mir wird er das auch nicht so ohne Weiteres sagen.

A: Aber der C ist doch auch Fußball-Fan. Du könntest ihn in die VIP-Lounge einladen, das wäre eine gute Gelegenheit, um mit ihm ins Gespräch zu kommen.

B: Ja, das sollte gehen.

A: Super, danke! (vgl. TI Austria 2023, S. 16).◄

Die korrekte Lösung kann nur sein, aus Gründen des Anstands und der Fairness Ausschreibungen nicht zu manipulieren und seitens des beschaffenden Unternehmens Regeln für die **transparente Abwicklung** von Ausschreibungen festzulegen.

Aber es gibt auch eine noch weit weniger faire „Lösung" dieser Angelegenheit:

Beispiel (vgl. TI Austria 2023, S. 22)

A: Ich schon wieder. Kannst Du mir bitte ein Gegenoffert schreiben? Unser Einkauf kontrolliert das seit Neuestem!

B: Ja, klar. Schick mir das Angebot per Mail. Wieviel soll ich draufschlagen?

A: So rund 10 % sollte es drüber liegen.

B: OK, mach'ich.

A: Super, danke!◄

4.3.3 Bestechung bzw. Bestechlichkeit

Schmiergelder (**Kick-back-Zahlungen** unter verschiedenen Bezeichnungen) sind eine spezielle Form von Bestechung und illegal. Es sind z. B. nicht offengelegte Zahlungen des Lieferanten an Mitarbeiter des einkaufenden Unternehmens, ohne dass dies der Leitung des einkaufenden (betroffenen) Unternehmen bekannt ist.

Beispiele für Kick-back-Tatmuster

Beispiel 1
Ein Einkäufer akzeptiert überhöhte Rechnungen seines Freunds in der Vertriebs-Abteilung des Lieferanten, um von ihm für den Zuschlag des Auftrags dann eine (versteckte) Provision (Kick-Back-Zahlung) zu erhalten (vgl. Wells und Kopetzky 2012, S. 296 f.).

Beispiel 2
Ein Einkäufer hat die Aufgabe der Anschaffung von Maschinen. Die tatsächlich gekauften Objekte sind von geringerer Qualität als vereinbart, was mangels detaillierter Qualitätsvorgaben nicht beanstandet werden kann. Die Differenz zwischen dem vereinbarten Preis und den geringeren Kosten des Lieferanten aufgrund der minderen Qualität gibt der Lieferant als Kick-Back zum Teil zurück an den Einkäufer als persönliche Zuwendung.

Beispiel 3
Ein Gutachter liefert gegen Geld ein Gefälligkeitsgutachten.◄

Auch **Kunden** kommen als Bestechende in Betracht:

Beispiel

Der Eigentümer einer Software-Firma bietet einem Projektleiter für den Fall des Zuschlags eines Auftrags einen Anteil an seiner Firma an.◄

Auch in **Arztpraxen und Spitälern** wird Geld für die Erlangung von Vorteilen eingesetzt:

Beispiel (vgl. TI Austria 2023, S. 5)

A: Herr Doktor, glauben Sie, könnten wir meine Knie-OP terminlich etwas vorziehen?

Doktor: Ich bin schon sehr voll die nächsten Monate, aber vielleicht finden wir eine Möglichkeit?

A: Da fällt mir ein, Sie hatten einmal erwähnt, dass Sie demnächst im Haus renovieren möchten. Und mein Schwager ist Baumeister! Er könnte Ihnen sicher bei diversen Arbeiten in Ihrer Praxis helfen.

Doktor: Ja, keine schlechte Idee. Dann besprechen wir den Termin der Knie-OP in meiner Praxis.

A: Fein, da haben Sie was gut bei mir!◄

Aber es geht (leider) seit langem noch plumper bzw. direkter, und zwar durch Vorreihung von Patienten gegen Geld. Dies wird kaschiert als Pauschalzahlung durch Patienten im Austausch für „direkte ärztliche Betreuung vor und nach dem Spitalsaufenthalt". Entsprechende Transparenzvorschriften gibt es, sie werden aber nicht lückenlos eingehalten (**„Kuvertmedizin"**, TI Austria 2011, o. S.; Stoiber 2025, S. 1 und 4).

Da darf man sich nicht damit zufriedengeben, dass es nur Kuverts und keine Koffer voll Geld sind!

4.3.4   Wirtschaftliche Erpressung

Wirtschaftliche Erpressung ist das Gegenteil von Bestechung bzw. Bestechlichkeit: Nicht der Lieferant leistet eine Zahlung an einen Einkäufer für den Zuschlag bei einem Auftrag, sondern der Einkäufer **verlangt eine Zahlung** vom Lieferanten, damit dieser eine Entscheidung in seinem Sinn trifft (vgl. Wells und Kopetzky 2012, S. 272 und 287 f.).

Bestechende können zu weiteren bzw. (immer) höheren Zahlungen gezwungen werden, Bestochene sind somit erpressbar.

Wozu soll die Unternehmensführung gegen Korruption vorgehen?

5

Dafür sprechen zwei Bündel von Faktoren, einmal um Wettbewerbsvorteile zu erhalten bzw. vergrößern und zum anderen, um die Folgen von Korruptionsvorfällen zu verhindern.

Korruptionsprävention als Wettbewerbsvorteil und Erfolgspotenzial (vgl. Aigner et al. 2017, S. 215; TI Schweiz 2021, S. 4):

1. Unternehmen mit einwandfreier Compliance-Historie haben bessere Chancen, mit Aufträgen beteilt zu werden und bei Ausschreibungen zum Zug zu kommen.
2. Solche Unternehmen bewahren sich den Ruf eines integren Players am Markt.
3. Daraus ergeben sich Vorteile für die Arbeitgebermarke (Employer Brand).
4. Intern und gegenüber Geschäftspartnern klar kommunizierte Regeln sind der Produktivität und sauberen, wirtschaftlich fundierten und nachvollziehbaren Entscheidungen (sehr) förderlich.
5. Mit der Qualität eines durchdachten Compliance Management Systems steigt die Attraktivität des Unternehmens für potenzielle und bestehende (Kooperations-)Partner.
6. Identifizieren sich Führungskräfte und Beschäftigte mit der Null-Toleranz-Politik gegen Korruption und einer auf Integrität aufbauenden Unternehmenskultur, ergeben sich wieder positive Rückwirkungen auf Employer Brand und Produktivität.
7. Im Nachhaltigkeits- bzw. ESG-Reporting lässt sich Null-Korruption gut nach außen kommunizieren.
8. Für potenziell korrupte Täter wird das Unternehmen als potenzielles Opfer unattraktiv.

© Der/die Autor(en), exklusiv lizenziert an Springer Fachmedien Wiesbaden GmbH, ein Teil von Springer Nature 2025
H. Siller, *Korruption vorbeugen*, essentials,
https://doi.org/10.1007/978-3-658-48835-2_5

Vermeiden von Folgen von Korruptionsfällen (vgl. TI Schweiz 2021, S. 5):

1. Schon ein Korruptionsverdacht, geschweige denn ein Korruptionsfall kann mit schwerwiegenden Folgen für das Unternehmen verbunden sein, z. B. mit Verlust von Aufträgen oder Lizenzen oder einer Sperre, an Ausschreibungen teilzunehmen.[1]
2. Damit einher gehen Reputationsschäden und Vertrauensverlust bei Stakeholdern.
3. Korruption ist Nährboden für weiteres potenziell unrechtmäßiges Verhalten von Führungskräften und Beschäftigten. Der „ethische Kompass" droht verloren zu gehen.
4. Korruptionsverdacht und erst recht Verurteilungen bedeuten idR Strafzahlungen, Blacklisting, Schadenersatzforderungen bzw. -zahlungen.
5. Durch Korruption werden Ressourcen fehlgeleitet – nicht Leistung, sondern Finanzkraft wird zum Entscheidungskriterium.
6. Korruption hat idR unkalkulierbare Neben- und Spät-Wirkungen auf Stakeholder und die Umsetzbarkeit von Unternehmensstrategien.
7. Korruption behindert den Wettbewerb (auch den um die besten Köpfe) und beeinträchtigt die Innovationsfähigkeit des Unternehmens.
8. Ein als korrupt geltendes Unternehmen ist und bleibt erpressbar.

---

[1] Das betraf z. B. Siemens 2006 bis 2010.

Ursachen von Korruption

6

6.1 Allgemeine Einflussfaktoren

Bei der Forschung nach Ursachen für Korruption gibt es **keine geschlossene Theorie**. Es bestehen soziologische, juristische, psychologische, volks- und betriebswirtschaftliche Erklärungsansätze (vgl. Dimant 2013, S. 9–13; Stierle und Siller 2015, S. 167–197). Die Ursachen für Korruption waren, sind und bleiben vielfältig und komplex.

Auch wenn es im vorliegenden Beitrag nur um den privaten Sektor geht, können **Einflussfaktoren aus dem öffentlichen Bereich** nicht negiert werden. Es geht vor allem um die Effizienz des Staates in der Erfüllung seiner Aufgaben in Legislative, Exekutive und Justiz. Dazu gehören u. a. Gesetzesqualität und -treue, die Glaubwürdigkeit öffentlicher Genehmigungen und Vereinbarungen, Transparenz in der Erfüllung öffentlicher Aufgaben sowie der Umgang mit eingenommenen Abgaben. Bestechungsgelder werden oft gezahlt, um den Prozess der Entscheidungsfindung anderer Stellen zu beschleunigen („speed money", Dimant 2013, S. 10).

Als **Ursachen für Korruption** im Unternehmens-Sektor können u. a. genannt werden (vgl. IHJO Magazin 2025, o. S.):

- Schwache Kontrollmechanismen und mangelnde Transparenz
- Mangelnde institutionelle Integrität
- Kulturelle Akzeptanz von Korruption
- Unzureichende Gesetze und Strafen
- Korrupte Netzwerke und Vetternwirtschaft.

© Der/die Autor(en), exklusiv lizenziert an Springer Fachmedien Wiesbaden GmbH, ein Teil von Springer Nature 2025
H. Siller, *Korruption vorbeugen*, essentials,
https://doi.org/10.1007/978-3-658-48835-2_6

Die KMPG-Studie 2013 über **B2B-Fraud in Unternehmen** nannte folgende
Ursachen (gereiht nach ihrer Bedeutung für Österreich, vgl. Stierle und Siller
2015, 167 f.; Aigner et al. 2017, S. 215):

- Fehlende oder mangelhafte Kontrollen
- Mangelndes Unrechtsbewusstsein
- Unachtsamkeit und Nachlässigkeit
- Erfolgs- und Zeitdruck
- Fehlende Schulungen und Trainings
- Finanzieller Druck bzw. Gier nach Boni
- Fehlende Leit- und Vorbilder im Management.

Die Studie ist zwar schon älteren Datums; die Punkte aber passen aus Erfahrung
auch weiterhin.

Hier ist es dringend und wichtig, Folgendes anzumerken: **Leit- und Vorbilder**
muss es vor allem seitens der öffentlichen Hand und der Politik geben, andernfalls
gilt Korruption weiterhin als „Kavaliersdelikt" nach dem Motto „Das machen
ohnehin alle" und „Die oben können es sich ja richten". Vieles deutet derzeit
leider in diese Richtung (vgl. Stoiber 2025a, S. 5). Ein leichtfertiger Umgang
mit Korruption unterhöhlt auf Dauer nicht nur das Vertrauen in den funktionie-
renden Rechtsstaat, sondern ist eine denkbar schlechte Voraussetzung, um im
Unternehmen eine Null-Toleranz-Politik zu verlangen bzw. verfolgen.

6.2   Moral, Ethos und Ethik

Was bewegt Entscheidungsträger in Organisationen dazu, der „ars corrumpendi"
zu frönen?

Korruption war, ist und bleibt eine Frage der Beachtung von Normen. Soziale
Normen sind Verhaltensanordnungen (Vorschriften). Quellen von Normen sind
Recht (siehe oben Kap. 2), Moral, Ethos und Ethik (vgl. im Folgenden Siller
2011, S. 31–36).

Moral

Moral (lat.: mos, Mehrzahl: mores (Sittlichkeit, Anständigkeit)) ist das Bündel von
Wertmaßstäben, Verhaltensregeln und Gewohnheiten, die zu einer bestimmten Zeit
in der Gesellschaft oder in Teilen davon (z. B. Wirtschaft) als Zustand oder Verhalten
für gut gehalten werden. Moralfähig und -pflichtig sind nicht nur Personen, sondern
auch Organisationen.

Das Gute bezeichnet vereinfacht das, was im Sinne des kategorischen Imperativs von Kant grundsätzlich als erstrebenswert („Werte-voll") erscheint, das Böse dessen Gegenstück. Sozioökonomisch relevante bekannte Moralbegriffe sind u. a. Steuer-, Zahlungs-, Arbeitsmoral oder „Selbstbedienungsmentalität". Zu Korruption muss das moralische Urteil lauten: „Das tut man nicht!"

Ethos

Ethos (griech.: Gewohnheit, Einstellung, Sitte, Charakter und Tugend) ist die subjektive moralische Gesinnung, die innere Verpflichtung gegenüber dem Guten; das innere Wertegefüge (vgl. Thommen et al. 2020, S. 624). Dimant (2013, S. 46) nennt diesen entscheidenden Faktor **„intrinsic willingness"** in der „inneren Welt" einer Person.

Durch ihr Ethos fühlt sich eine Person an bestimmte Handlungsweisen gebunden, die sie als gut und erstrebenswert hält, wie z. B. Gesetzestreue, Unbestechlichkeit oder Fairness.

Auch nach Heber, Schäffer (2017, o. S.) hat die Einstellung zu Korruption den stärksten Einfluss auf das mögliche geschäftsschädigende Verhalten. Die hier entscheidende Frage an das Gewissen jeder Person lautet:

„Unter welchen Umständen bin ich käuflich?" Die klare Antwort muss sein: „Unter keinen Umständen!"

Ethik

Während das Recht Handlungen unter dem Aspekt der Legalität untersucht, legt die Ethik den Maßstab der Legitimität bzw. Moralität (d. h. die Bereitschaft, aus Verantwortungsbewusstsein moralisch korrekt zu handeln, ohne von Rechtsnormen dazu gezwungen zu werden) an.

Ethik als Lehre von Moral und Ethos bzw. als Reflexionstheorie der Moral beurteilt individuelles Verhalten nach den Maßstäben von gut bzw. sittlich richtig und böse bzw. sittlich falsch.

6.3 Fraud Triangle (Doloses Dreieck)

Das mittlerweile **klassische Erklärungsmodell** des sog. **Dolosen Dreiecks („Fraud Triangle")** beschreibt drei Voraussetzungen, unter denen Menschen dolose (geschäftsschädigende) Handlungen setzen bzw. setzen können. Es wurde auf Basis der Forschungsergebnisse des Amerikaners Donald R. Cressey, einem der Pioniere der Wirtschaftskriminologie, in den 1930er Jahren konzipiert. Seinen

empirischen Befunden zufolge spielen bei der Begehung von wirtschaftskriminellen Straftaten grundsätzlich drei Faktoren die Hauptrollen (vgl. Wells und
Kopetzky 2012, S. 6; TI Schweiz 2021, S. 7 f.):

1. eine finanzielle Notlage oder (Leistungs-)Druck als **Motiv** (z. B. nicht
   erreichbare Ziele),
2. eine subjektiv empfundene gute **Gelegenheit** („Jetzt schaut gerade niemand
   zu") und
3. eine persönliche **Rechtfertigung** („ich habe es mir verdient").[1]

Dazu im Einzelnen (vgl. Wells und Kopetzky 2012, S. 6–18; Stierle und Siller
2015, S. 92 f.):

Erster Faktor: Druck bzw. Motiv
Cressey benennt als ersten Faktor – nach dem Empfinden des Täters – ein anderen
nicht mitteilbares, finanzielles Problem. Gut passend dazu das folgende Zitat: „Cor-
ruption is a crime of calculation, not passion" (Klitgaard 1996, zit. in Dimant 2013,
S. 2).
   Es muss sich nicht um sog. Engpasstäter handeln, die sich in einer per-
sönlichen finanziellen Notlage befinden. In hohem Maße sind z. B. aus dem
Mitarbeiter-Arbeitgeber-Verhältnis resultierende Motivlagen relevant (als unge-
recht empfundene Vergütungs- oder Beförderungspraxis, Überarbeitung, fehlende
Anerkennung, Mobbing, etc.).
   Gier ist nicht primär das treibende Motiv für Täter, Korruption ist überwiegend
ein **Kontroll- und Machtdelikt.**
   Konflikte im Unternehmen bzw. hohe (nicht messbare) **„Kosten des falschen
Führungsstils"** können zu Frustration, „innerer Kündigung" und letztlich zu (stei-
gender) „krimineller Energie" führen. Dann kann Korruption zum Zweck der
persönlichen Befriedigung als „gerechtfertigt" angesehen werden.

Zweiter Faktor: Gelegenheit
Die Gelegenheit („Gelegenheit macht Diebe") ist die grundsätzliche Möglichkeit,
eine kriminelle Handlung zu begehen, ohne ertappt zu werden. Die wesentlichen
Elemente sind ein entsprechender Informationsstand des Einzelnen und bestimmtes
technisches Wissen, um die Tat begehen zu können.
   Der Informationsstand betrifft vor allem

---

[1] Das Fraud Triangle wurde später um die Fähigkeiten des potenziellen Täters zum vierecki-
gen „Fraud Diamond" ergänzt.

- das Wissen über Merkmale bzw. Schwächen des **Internen Kontrollsystems** (IKS),
- die Kenntnis oder Gerüchte über dolose (geschäftsschädigende) Handlungen anderer
- die Erkenntnis, dass aus dem Vertrauen des Arbeitgebers in die eigene Person persönliche Vorteile gezogen werden können.

Dritter Faktor: Innere Rechtfertigung

Der Täter will die Tat vor der Tatbegehung sich selbst gegenüber rechtfertigen, da sich ein (Erst-)Täter regelmäßig nicht als Krimineller betrachtet.

Mit Hilfe innerer Rechtfertigung kann der Täter sein Selbstbild als rechtschaffenes Mitglied der Gesellschaft aufrechterhalten. Häufige Rechtfertigungsgründe sind das Selbstbild der nicht kriminellen Persönlichkeit und subjektive Rechtfertigungsgründe wie z. B.: „Das Geld steht mir zu" (vgl. Wells und Kopetzky 2012, S. 6–18).

Versuche der Rechtfertigung bzw. Rationalisierung heben vor allem die „an sich positive Absicht" des korrupt Handelnden hervor, wie z. B. mit folgenden Aussagen (vgl. Stierle und Siller 2015, S. 95):

- „Es steht doch nirgends, dass ich das nicht darf." (Fokus auf Legalität)
- „Das machen doch alle!" (Leugnen der Verantwortung)
- „Das hat doch niemandem geschadet. Alle haben davon profitiert." (Leugnen des Schadens)
- „Wegen der Konkurrenz? Die sollen ruhig einmal das Nachsehen haben!" (Betonung des Nutzens des Unternehmens)
- „Andere machen da noch ganz andere Sachen." (Soziale Relativierung)
- „Ich habe nur versucht, den Kontakt zu einem guten Kunden zu erhalten." ((Selbst-)Appell an höhere Ziele)
- „Warum soll ich die guten Beziehungen, die ich über Jahre aufgebaut habe, nicht auch nutzen?" (Metapher von Säen und Ernten)
- „Immerhin habe ich den Auftrag für die Firma akquiriert." (Umlenken der Aufmerksamkeit).

Von den drei Faktoren dürfte das **Motiv** den dominierenden Einfluss haben. Empirische Ergebnisse und Erfahrungen unterstreichen die **weiterhin große praktische Bedeutung** der drei Faktoren des dolosen Dreiecks (vgl. Wells und Kopetzky 2012, S. 18–20). Cresseys Modell passt zwar nicht auf alle Fälle bzw. auf alle Täter, aber es erweist sich regelmäßig als sehr nützlich. Fraud-Experten sind der Meinung, dass „(…) eine neue Art von Missbrauchstätern aufgetaucht sei – jene, denen schlicht das Bewusstsein dafür fehlt, innere Grenzen überhaupt zu erkennen" (ebenda, S. 17).

Abschließend kann gesagt werden: **Fraud-Risiko = Motivation × Gelegenheit × Rechtfertigung.**

Tendiert demnach ein Faktor gegen Null, ist die Wahrscheinlichkeit doloser Handlungen gering (vgl. Phalanx Sicherheitsberatung 2025, o. S.; TI Schweiz 2021, S. 7 f.).

Hinter dem (finanziellen) Motiv muss aber auch noch die grundsätzliche Einstellung stehen, ein (Spiel-)Trieb, ein ausreichendes Maß an „krimineller Energie".

Dimant zeichnet ein interdisziplinäres Bild der **Bedingungsfaktoren für das Delikt Korruption,** das in Abb. 6.1 vereinfacht dargestellt ist.

Unter „**Umfeld**" subsumiert sind soziologische Faktoren wie Werte, soziale Normen, Erziehung, Kultur und auch externe Faktoren wie das politische, legistische, ökonomische und bürokratische Umfeld, Geschichte, Geographie und jeweils noch andere Faktoren (vgl. Dimant 2013, S. 45).

Passt die primär negative Einstellung und sekundär die drei Faktoren des Dolosen Dreiecks, kommt es zur Deliktbegehung, wenn die letzte Frage der Person an sich selbst: „**Soll ich?**" mit Ja beantwortet wird.

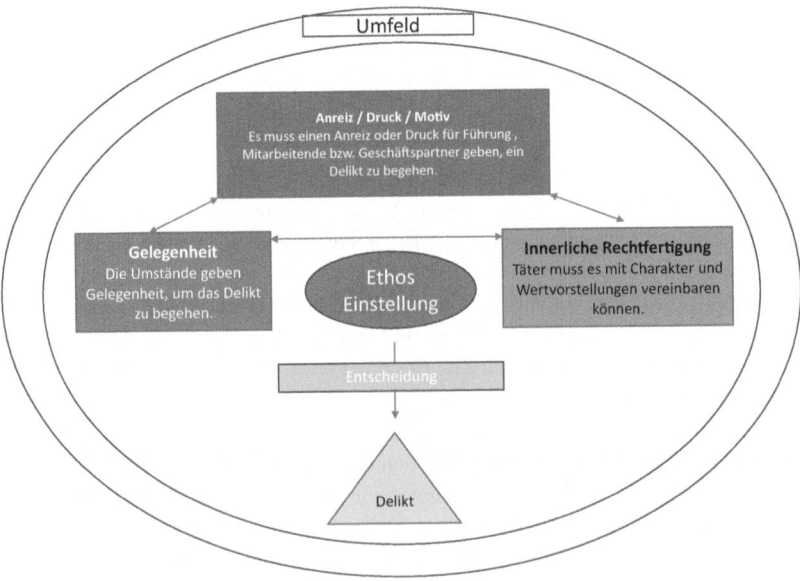

Abb. 6.1 Modell der Entstehung eines Korruptionsdelikts. (Quelle: in Anlehnung an Dimant 2013, S. 46)

Korruption in Zahlen

7

Vom gerichtlichen „Hellfeld" (Sickinger 2011, S. 11), das die polizeilich amtsbekannt gewordene Kriminalität abbildet, ist das Dunkelfeld, d. s. die polizeilich nicht bekanntgewordenen Straftaten, zu unterscheiden.

Man schätzt, dass lediglich eine einstellige Prozentzahl der Korruptionsstraftaten bekannt wird (Bannenberg und Schaupensteiner 2007: 40; Heber et al. 2020, S. 6 und 17); d. h. **das Dunkelfeld beträgt über 90 %.**

Hier einige Schätzungen zum **Ausmaß von Korruption** (vgl. Fonds online 2022, o. S.; IHJO 2025; EU-Kommission 2023, o. S.):

- Korruption kostet mindestens 5 % des weltweiten BIP (2022: rund 100 Bill. USD), also rd. 5 Bill. USD.
- Der durch Korruption entstandene volkswirtschaftliche Schaden belief sich nach Berechnungen von Prof. Schneider (JKU Linz) in Österreich 2021 auf über 15 Mrd. €.
- In Deutschland dürfte der volkswirtschaftliche Schaden 2021 laut Schneider über 230 Mrd. € betragen haben. Für die Gesamtheit der 27 EU-Staaten errechnete er für 2021 einen Schaden von 1012 Mrd. €, also über 1 Bill. €.

Da Korruption aufgrund ihrer verdeckten Natur sehr schwer objektiv zu messen ist, kann eine Messung nur indirekt über Wahrnehmungen und Erfahrungen von Länderanalysten, Geschäftsleuten oder der breiten Öffentlichkeit erfolgen (vgl. TI Austria 2021a, o. S.; Stockhammer 2011, S. 27):

Der **Korruptionswahrnehmungsindex (Corruption Perception Index „CPI")** wird von der NGO Transparency International (TI) seit 1995 jährlich veröffentlicht. Er bezieht sich auf die jeweils letzten drei Jahre und aggregiert

H. Siller, *Korruption vorbeugen*, essentials,
https://doi.org/10.1007/978-3-658-48835-2_7

Daten aus 13 unabhängigen Datenquellen von zwölf Institutionen, darunter Bertelsmann Stiftung, World Economic Forum und Economist. Diese bewerten die Wahrnehmung des Korruptionsniveaus im öffentlichen Sektor durch Expert:innen und Geschäftsleute. Im CPI werden 180 Länder nach dem Grad, in dem dort **Korruption im öffentlichen Sektor** wahrgenommen wird, gereiht; der CPI ist der Mittelwert dieser Wahrnehmungen. Die Ergebnisse werden auf einer Skala von 0 (hohes Maß an wahrgenommener Korruption) bis 100 (keine wahrgenommene Korruption) dargestellt (vgl. TI Austria 2023, o. S.).

Der CPI erfasst verschiedene Formen von Korruption im öffentlichen Dienst sowie die Vereinnahmung staatlicher Institutionen durch Private. Darüber hinaus analysieren einige Quellen die vorhandenen Mechanismen zur Korruptionsprävention, wie etwa den Schutz von Hinweisgeber:innen, die Unabhängigkeit der Justiz, Transparenzvorgaben für öffentlich Bedienstete und den Zugang zu Regierungsinformationen (vgl. TI Austria 2025, o. S.).

Kritisch ist zum CPI anzumerken: Neben der Fokussierung der Aussagen des CPI auf den öffentlichen Sektor thematisiert der Index vor allem Bestechung/Bestechlichkeit, nicht aber Interessenkonflikte und verwandte Graubereiche wie Geschenke und Einladungen. Zudem ist die Korruptionswahrnehmung von Person zu Person unterschiedlich. Dennoch hat der CPI stark dazu beigetragen, das öffentliche Bewusstsein bezüglich Korruption zu steigern. Internationale Organisationen nützen den CPI sogar als Gradmesser für die Qualität der Staatsführung (vgl. TI Austria 2021a, o. S., 2023, o. S., 2025, o. S.).

Der **CPI für 2024** zeichnet von Österreich ein **alarmierendes Bild** (vgl. Abb. 7.1). 67 Punkte und nur Rang 25 sind das schlechteste Ergebnis seit 1995. Im Vergleich zu anderen europäischen Ländern ist Österreich abgeschlagen und der Trend negativ (vgl. TI Austria 2025, o. S.). Zudem bemerkenswert: Kein Land erreicht 100 %, also **es gibt kein korruptionsfreies Land.**

Um ein **Präventionskonzept für KMUs** zu erstellen, brauchen wir detailliertere Anhaltspunkte als diese Ziffern. Wir finden sie in folgenden **empirischen Befunden:**

- Anfällige Geschäftsbereiche sind Einkauf, Materialwirtschaft und Vertrieb (IIA 2007, S. 48; TI D 2014, S. 9).
- „Männer vertrauen Männern mehr als einer oder mehreren Frauen im Team. Sie fühlen sich untereinander sicherer" und: „Einen Versuch ist es wert, ganz bewusst Frauen in korruptionsanfälligen Bereichen einzusetzen." Dazu zählen vor allem Bauwirtschaft, Gastronomie und Gesundheitsberufe (vgl. Stierle und Siller 2015, S. 129).

Staat	2024	2023	2022	2021	2018	2016
Neuseeland	4. (83)	3. (85)	2. (87)	1. (88)	1. (87)	1. (90)
Dänemark	1. (90)	1. (90)	1. (90)	1. (88)	1. (88)	1. (90)
Finnland	2. (88)	2. (87)	2. (87)	1. (88)	1. (85)	3. (89)
Schweiz	5. (81)	6. (82)	7. (82)	7. (84)	3. (85)	5. (86)
…						
Deutschland	15. (75)	9. (78)	9. (79)	10. (80)	11. (80)	10. (81)
Österreich	25. (67)	20. (71)	22. (71)	13. (74)	14. (76)	17. (75)

Abb. 7.1 CPI ausgewählter Länder: Platz und (in Klammer) Punkte (max. = 100) im Zeitvergleich (TI Austria 2025, o. S.)

- Ob durch KI Compliance erhöht und Korruption verhindert werden kann, bezweifelten die Teilnehmer am Österreichischen Anti-Korruptionstag 2024 (vgl. BAK 2025, o. S.).
- Täter mehrheitlich männlich und über 40 Jahre alt und im Schnitt höhere Risikoneigung von Männern (vgl. Heber et al. 2020, S. 6 f.).
- Wie sieht **der typische wirtschaftskriminelle Täter** aus (vgl. CompliancePraxis 2013, o. S.):
  - 36–55 Jahre alt (70 %)
  - Mitarbeiter des Unternehmens (61 %)
  - Länger als sechs Jahre im Unternehmen (41 %)
  - Oft in einer verantwortungsvollen Position (44 %)
  - Extravertiert (39 %) und freundlich (34 %).

Ergänzend lohnt sich ein Blick in den **Jahresbericht 2024 der ACFE** zu Unternehmenskriminalität; ihm liegen Daten von 1921 Fällen in 138 Ländern und 22 Branchen zugrunde. Nach den Zahlen für 2024 – Mehrfachnennungen liegen in der Natur der Delikte – entfielen 89 % aller Fälle auf Vermögensmissbrauch, 48 % auf Korruption und 5 % auf Jahresabschlussdelikte.

Dazu die **Schadensziffern:** Der Median (d.i. der Zentralwert einer Datenreihe) der Schäden lag für Vermögensmissbrauch bei USD 120.000, für Korruption bei USD 200.000 und für Jahresabschlussdelikte bei USD 766.000 (vgl. ACFE 2024, S. 4).

Weitere Erkenntnisse (vgl. ACFE 2024, S. 49, 52, 54, 56, 57, 61–63, 66, 72):

- Je länger die Betriebszugehörigkeit, umso höher der Median-Schaden.
- Je höher die Position des/der Täter(s), umso höher der Median-Schaden.
- Je länger die Betriebszugehörigkeit, umso schwerer sind Täter zu fassen.
- Je länger die Betriebszugehörigkeit, umso höher die Wahrscheinlichkeit der Kollusion.
- Kürzer Beschäftigte werden viel öfter sanktioniert oder entlassen als schon länger Beschäftigte.
- Die Hälfte der Fälle von Unternehmenskriminalität geschieht aufgrund mangelnder Kontrollen oder dem Außerkraftsetzen interner Kontrollen.
- Eigentümer werden am wenigsten wahrscheinlich entlassen („termination") im Vergleich zu Managern oder Mitarbeitern.
- Wichtigste Warnsignale („**Behavioral Red Flags**") bei Beschäftigten: 1) Über die Verhältnisse leben (39 %), 2) Finanzielle Probleme (27 %), 3) Auffällige Nähe zu Lieferanten bzw. Kunden (20 %), 4) Mangelnde Bereitschaft, Aufgaben zu teilen (13 %), 5) Gereiztheit und Misstrauen (12 %).
- Die für Korruption anfälligsten Bereiche sind **Einkauf, Top Management und Verkauf.**
- 52 % der Täter hatten einen Universitätsabschluss.
- Geschlecht des/r Täter/s: 74 % männlich, 25 % weiblich.
- Relation zwischen Alter des/r Täter/s und Schadenssummen: 19 % zwischen 36 und 40 (Median-Schaden USD 120.000), 18 % zwischen 41 und 45 (Median-Schaden USD 150.000), 16 % zwischen 31 und 35 (Median-Schaden USD 65.000), 16 % zwischen 46 und 50 (Median-Schaden USD 250.000), … 3 % über 60 J (Median-Schaden USD (675.000 (!)).
- 46 % Einzeltäter, 18 % zu zweit, 36 % zu dritt oder mit noch mehr Mittätern – mit steigender Schadenshöhe.
- 87 % der Täter waren bislang unbescholten.
- Wodurch wird Unternehmenskriminalität am ehesten aufgedeckt?
  - **Hinweise 46 %**
  - **Interne Revision 15 %**
  - Management Review 10 %.

In **Deutschland** erstellt das BKA jährlich ein „Polizeiliches Bundeslagebild Korruption" beruhend auf den Daten der Polizei- -und Zolldienststellen; sie können daher das tatsächliche Ausmaß der Korruption nur eingeschränkt wiedergeben.

In **Österreich** gibt es zwei Quellen: Die Polizeiliche Kriminalstatistik (PKS) und den jährlichen Bericht des Bundesamts zur Korruptionsprävention und Korruptionsbekämpfung (BAK). Der Bericht des BAK enthält keine dem deutschen Bundeslagebild vergleichbaren Inhalte und ist zudem mit Korruption im privaten Sektor nicht befasst. Die PKS ist eine Anzeigenstatistik, d. h. dass nur der Polizei angezeigte und an Gerichte übermittelte Straftaten erfasst werden. Das Dunkelfeld ist ebenso nicht erfasst wie das Ergebnis von Gerichtsverfahren.

Hier die wichtigsten Erkenntnisse aus dem **Bundeslagebild Korruption des deutschen BKA** für 2023 (BKA 2024, S. 11–20), die sicher im kleineren Maßstab auch für Österreich gelten dürften:

- Tatverdächtige: Deutsche Staatsbürger 67 %
- Funktion der Nehmenden: Führungsfunktion 35 % (2022: 41 %), Sachbearbeitende 50 % (2022: 45 %)
- Funktion der Gebenden: Führungsfunktion 27 % (2022: 34 %), Sachbearbeitende 6 % (2022: 15 %), Private 47 % (2022: 42 %).
- Branchenzugehörigkeit der Gebenden: **Bau, Automobil, Medizin/Pharma, Logistik.**
- Art der Vorteile auf Seite der Gebenden: Erlangung von Aufträgen, Bezahlung fingierter/gefälschter Rechnungen, Erlangung behördlicher Genehmigungen, sonstige Wettbewerbsvorteile.
- Fast 60 % der Nehmervorteile waren monetäre Vergütungen.
- Unter den Nehmenden, bei denen die Verweildauer in ihrer Position zum Zeitpunkt der Fallerfassung bekannt war, wurden am häufigsten solche Personen festgestellt, die ihre Tätigkeit bereits mehr als fünf Jahre ausübten.
- Oft bestehen zwischen den Gebenden und Nehmenden mittel- und langfristige Verbindungen. Solche Konstellationen begünstigen **strukturelle Korruption.**

Korruptionsprävention

8

Compliance (engl.: to comply: Folge leisten, erfüllen, geltende Vorschriften einhalten) bedeutet das Einhalten von externen und auch von unternehmensinternen Vorschriften.

Wichtigste Ziele einer Compliance-Strategie in Organisationen sind Prävention und Aufdeckung von regelwidrigem Handeln **(Non-Compliance)**. Hier greift die **Verbandsverantwortlichkeit:** Unternehmen können auch dafür bestraft werden, wenn ihre Mitarbeiter sich im Rahmen ihrer Tätigkeit kriminell verhalten (vgl. Göbel 2010, S. 247; Siller 2011, S. 110).

Prävention (lat. praevenire = zuvorkommen, verhindern) bedeutet das Antizipieren (Vorwegnehmen) möglicher Situationen, Ereignissen (Chancen wie Risiken) oder Verhaltensweisen, um sie zu verhindern bzw. zu vermeiden bzw. rechtzeitig Gegen- oder Korrekturmaßnahmen ergreifen zu können. Voraussetzung erfolgreicher Prävention ist das Schaffen von **Problembewusstsein** (Awareness).

In der Kriminologie werden **drei Präventions-Ansätze** unterschieden (vgl. Stierle und Siller 2015, S. 27 f.; Eschenbach und Siller 2019, S. 92; BAK 2020, S. 49):

- **Primärprävention (Ursachenbekämpfung),** um das Eintreten potenzieller Risiken zu verhindern; sie richtet sich an Führungskräfte, Mitarbeitende und Stakeholder, um Risiken für korruptives Handeln zu erkennen, mit Unterstützung des **Fraud Triangle** systematisch zu hinterfragen und das Eintreten der Risiken nach Möglichkeit zu verhindern.
- Die **Sekundärprävention** bezieht sich auf Situationen bereits bestehenden, unerwünschten Verhaltens, also eingetretener Korruptions-(-verdachts-)

H. Siller, *Korruption vorbeugen*, essentials, https://doi.org/10.1007/978-3-658-48835-2_8

Fälle und zielt auf ihre möglichst frühzeitige Erkennung und Behandlung. Sie umfasst Maßnahmen, welche die Tatgelegenheitsstruktur so verändern, dass Korruption erschwert bzw. unmöglich gemacht wird (**institutionelle Prävention**).

- Die **Tertiärprävention** soll eine weitere Verbreitung der Auswirkungen des Risikoeintritts minimieren und kommt nach der Tatbegehung zum Einsatz. Sie zielt darauf ab, den/die Täter durch Sanktionierung von einer neuerlichen Tat abzuhalten (**personenzentrierte Prävention**).

Auf **internationaler Ebene** gibt es Vorgaben vor allem durch:

- Übereinkommen der Vereinten Nationen gegen Korruption (UNCAC) 2003
- OECD-Leitsätze für multinationale Unternehmen 2011
- Geschäftsgrundsätze von TI zur Bekämpfung von Korruption 2003
- Integritätspakt von TI
- Initiativen der EU-Kommission zur Verstärkung der Korruptionsbekämpfung
- Group of States against Corruption (GRECO)
- EU-Kommission zur Nachhaltigkeitsberichterstattung.

In Österreich gibt es die **Nationale Anti-Korruptionsstrategie** (NAKS) und den **Nationalen Aktionsplan** (NAP) 2023 bis 2025. NAKS bildet den Rahmen für die Umsetzung von Maßnahmen zur Korruptionsprävention und -bekämpfung durch öffentliche Hand, Zivilgesellschaft und Wirtschaft (vgl. BAK 2024, S. 17).

Der NAP definiert folgende **Präventionsmaßnahmen,** denen auch konkrete Erfolgsindikatoren und Messgrößen zugewiesen sind (vgl. BMI o. J.):

- Integritätsmanagement – Förderung integres Verhalten
- Compliance Management Systeme in der öffentlichen Verwaltung
- Reduktion struktureller Korruptionsrisiken
- Forcierung von Maßnahmen zur Korruptionsprävention
- Sensibilisierung der Öffentlichkeit
- Bewusstseinsbildung durch Schulung spezieller Zielgruppen
- Umsetzung des Korruptionsstrafrechtsänderungsgesetzes 2023 in der Strafverfolgung.

Ebenfalls einen Rahmen für ein **effektives Korruptionspräventionsprogramm** bietet **ISO 37001,** die im öffentlichen wie im privaten Sektor anwendbar ist.

Basis der Norm sind drei Teile, die zu einem **Compliance-Management-System--(CMS-)Konzept** zusammengeführt sind. Das ist erstens ein „Risk Management System", das die ISO 37001 zu einem risikobasierten Standard macht. Die Norm passt zweitens zur Struktur anderer Managementsysteme und kann in bestehende Systeme wie z. B. ISO 9001 oder ISO 14001 integriert oder mit ihnen kombiniert werden. Als drittes Konzept liegt dem Standard der Plan, Do, Check, Act- (= PDCA-)Zyklus zugrunde, der auf einen kontinuierlichen Verbesserungsprozess abzielt (vgl. ISO 2025, o. S.; TÜV Austria 2025, o. S.)

Aufgrund der überragenden Bedeutung der **Integrität** statt bloßer Compliance soll im Folgenden aber ein **eigenes Integrity Management System (IMS)** vorgestellt werden.

▶ **IMS** Das **IMS** umfasst Maßnahmen und Mechanismen, um Werthaltungen, Aufbau- und Ablauforganisation im KMU so weiterzuentwickeln, dass Korruption auf unternehmenspolitischer, strategischer und operativer Ebene keinen Platz findet. Ziel des IMS ist es, durch Korruption verursachte Non-Compliance zu vermeiden bzw. ihre Folgen zu minimieren.

Konzeptionelle Basis ist der internationale Prüfungsstandard IDW PS 980. Das deutsche Institut der Wirtschaftsprüfer (IDW) hat sieben Bausteine eines allgemeinen CMS formuliert (vgl. Siller 2015, S. 264 f.; Rödl & Partner o. J.):

- Compliance-Kultur
- Compliance-Ziele
- Risikoidentifikation und Bewertung
- Compliance-Programm
- Compliance-Organisation
- Compliance-Kommunikation und Schulung
- Compliance-Überwachung und -Verbesserung.

Das IMS unterscheidet sich vom CMS in folgenden fünf Punkten:

- Leitmotiv ist „**Make our business better!**" statt dem bloßen „Keep us out of trouble!"
- Das System ist auf **KMU** und deren im Vergleich zu Großunternehmen geringere Ressourcen, flachere Hierarchie und (noch) größere Bedeutung des Personals zugeschnitten.

- Konkretisierung auf **Korruption** statt auf geschäftsschädigendes Verhalten im Allgemeinen
- Ergänzung um den **ESG**-Wertekanon und die Reporting-Aufgaben nach **GRI, VSME und ESRS**
- Trennung der inhaltlichen von der methodischen Ebene: Als methodische Grundlage des IMS ist der **PDCA**-Zyklus die Leitidee.

Präventionsmaßnahmen in der Praxis zeigen, dass es konsequenter Bemühungen um Gestaltung und Durchsetzung bedarf, um nicht auf der Stufe einer reinen „Paper-Compliance" stehen zu bleiben. Die Compliance-Bemühungen müssen sich systematisch **an ihrer Wirksamkeit messen lassen.**

Anti-Korruptions-Maßnahmenfelder 9

9.1 Überblick

Im Folgenden wird auf Basis der vorhergehenden Überlegungen, Rechtsnormen, Grundsätze, Empfehlungen und eigenen Beratungserfahrungen ein **Sieben-Felder-Konzept** zur Korruptionsprävention vorgestellt (vgl. TI International 2003; Stadt Wien 2009; Siller 2011, 2014, S. 70 f., 2018, S. 20–32, 2023, S. 1001–1003; Wells und Kopetzky 2012; TI Deutschland 2014; Siedenbiedel 2014, S. 215 f.; Stierle und Siller 2015, S. 310–344; TI Austria 2016, 2022, 2023, o. J.; TI Schweiz 2021).

Die sieben Maßnahmenfelder sind in. Abb. 9.1 dargestellt.

Dreh- und Angelpunkte sind die Werte **Anstand, Integrität,** die alle Stakeholder mitbringen bzw. konsequent weiterentwickeln sollten, sowie **Transparenz,** zu der sich alle Stakeholder bekennen sollten, sofern sie der Nachvollziehbarkeit ihres geschäftlichen Verhaltens dient.

9.2 Gestaltung der Unternehmenskultur

Unternehmenskultur ist die Gesamtheit aller Werte, Tugenden, Normen, Regeln, Riten und Symbole, die in einer Organisation gelebt werden bzw. gelebt werden sollen (vgl. Schein 1985, S. 263; Siller 2011, S. 46; Bak 2024, S. 101).

Gestaltung der Unternehmenskultur ist ein Gebot in der Unternehmenspolitik. Kulturen sind in den unbewusst und oft nicht hinterfragten Basisannahmen und Wertvorstellungen in Organisationen tief verankert.

H. Siller, *Korruption vorbeugen*, essentials, https://doi.org/10.1007/978-3-658-48835-2_9

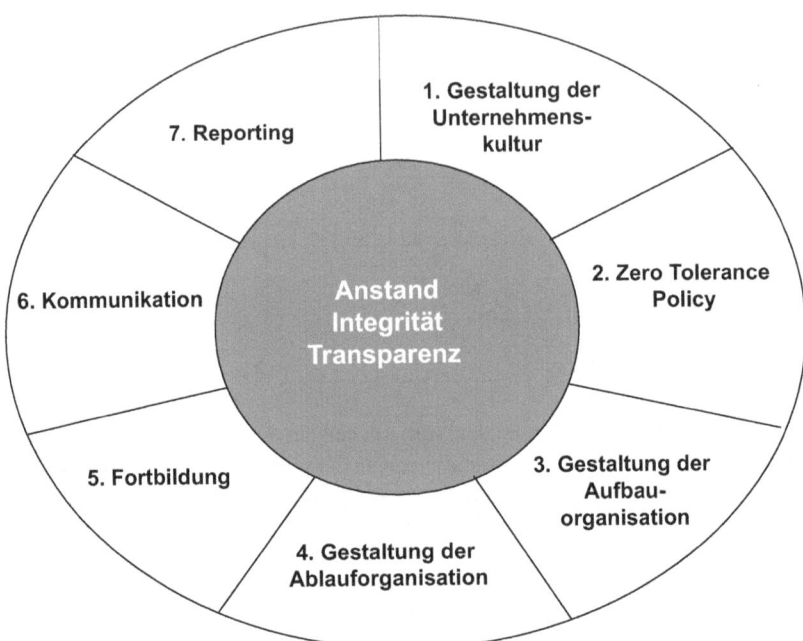

Abb. 9.1 Anti-Korruptions-Maßnahmenfelder. (Quelle: Eigene Darstellung)

9.2.1 Bewusstsein und Sensibilisieren

Durch Hinterfragen der Werthaltungen von Mitarbeitenden und Stakeholder durch die Unternehmensführung sollte sukzessive eine Compliance-Kultur zur Unterstützung der Zero-tolerance-policy gegenüber Korruption und ein Bewusstsein für die Schädlichkeit bzw. Schändlichkeit von Korruption auf- bzw. ausgebaut werden.

Es geht um individuelle Emotionen, um Einstellungen, konkret um die nicht oder mehr oder weniger ausgeprägte Neigung zu krimineller Energie, und um die psychische Resilienz (Widerstandskraft), korruptiven Angeboten zu widerstehen.

Gerade weil Korruption ein Thema darstellt, über das nicht offen gesprochen wird, ist Prävention und Bekämpfen nur möglich, nachdem eine **Enttabuisierung** erreicht wird. Damit werden Führungskräfte, Mitarbeitende und Stakeholder sensibilisiert.

Sensibilisieren bedeutet, jemanden etw. bewusst zu machen, zu informieren, die Person aufklären, konkret auf das Verwerfliche von Korruption hinweisen und konsequent den Vorrang von Anstand, Fairness, Integrität und Transparenz vor korruptiven Handlungen zu betonen und zu leben.

9.2.2 Wesentliche Werte für Anti-Korruptions-Maßnahmen

Werte sind Vorstellungen über Eigenschaften, die Einzelne, Gruppen, Unternehmen oder der Gesellschaft Objekten (insbesondere Einstellungen, Ideen, Prozessen, Ergebnissen und Beziehungen) beimessen, und die für den/die Wertenden emotional wichtig sind (vgl. Thommen und Achleitner 2006, S. 931; Thommen et al. 2020, S. 590). Als Wegweiser und Orientierungsgrößen des Verhaltens von bzw. für Individuen und in sozialen Gruppen sind sie wichtige Bestimmungsgrößen.

Wesentliche Werte bzw. wesentliche Voraussetzungen für eine nachhaltig effektive Prävention vor und Bekämpfung von Korruption sind Anstand, Integrität und Transparenz zu nennen.

Anstand

Synonyme für Anstand (engl. decency) sind: Sittlichkeit, Anständigkeit, Lauterkeit, Redlichkeit, Rechtschaffenheit. Für Anstand bzw. fehlenden Anstand im Verhalten spielen kulturelle, politische und gesellschaftliche Einflüsse und **Vorbilder** eine gewichtige Rolle.

Anständige Unternehmer sind das Rückgrat einer auf Fairness und Leistungsgerechtigkeit aufbauenden Wirtschaft und Gesellschaft. Die überwältigende Mehrheit der mit und in KMU Tätigen sind anständig, aber es gibt auch schwarze Schafe, die durch Korruptionsneigung Anstand vermissen lassen.

Anstand hat viel zu tun mit Respekt, Wertschätzung, Ethos und Moral (vgl. Steindl 2023, o. S.). Wer ein unternehmerisch erfüllendes Leben sucht, sollte nicht den leichtesten, sondern den Weg des reinen Gewissens (Ethos) gehen.

Es geht im KMU um das Fördern und Erhalten des Bewusstseins für den hohen Stellenwert von **Anstand**, das in der Anti-Korruptionsbekämpfung in Theorie und Praxis im Vergleich zu Forderungen nach Regelwerken und Maßnahmen-Katalogen erfahrungsgemäß zu kurz kommt.

Compliance-Programme verfolgen häufig nur das **moralische Minimum,** nämlich kriminelles Verhalten zu verhindern. Bei der Umsetzung setzt man stark auf detaillierte (externe) Vorschriften als Richtschnur und auf Angst vor Strafe. Leitmotiv ist: **„Keep us out of trouble!"** (Göbel 2010, S. 248).

Integrität
Diesem Credo tritt der Integritäts-Ansatz entgegen, sein Leitmotiv ist: **„Make our business better!"**

► **Definition** Integrität ist die Fähigkeit, vertrauenswürdig zu handeln und unbestechlich zu bleiben.

Untersuchungen der Arbeitsstelle der Forensischen Psychologie der TU Darmstadt gemäß ist **Integrität** das Zusammenspiel von Eigenschaften wie Gewissenhaftigkeit, Verlässlichkeit, Leistungsbereitschaft, Pflichtgefühl und Aufrichtigkeit. Eine Person mit niedrigen Integritätswerten ist anfälliger für geschäftsschädigendes Verhalten (vgl. Reiß 2007, o. S.).
Integrität ist das Gegenteil von Korruptionsneigung bzw. Korrumpierbarkeit (Käuflichkeit), also sich von inneren Werten und Prinzipien und nicht von Versprechen bzw. Verlockungen durch andere (ver-)leiten zu lassen.
Compliance zeugt von einem defensiven Verständnis. Der Integritäts-Ansatz kommt einem proaktiven und präventivem Management näher, da er auf einen „innengeleiteten Wandel" im Unternehmen, auf Bewusstseinsbildung und auf Nicht-Käuflichkeit des Einzelnen setzt.
Daher muss gelten: **Make integrity great again! (MIGA!)**

Transparenz
Transparenz (lat. transparens: durchscheinend, durchsichtig) meint die Durchschaubarkeit eines Sachverhalts, die bewusste Offenlegung und Nachvollziehbarmachung eines Sachverhalts. Transparenz kann als Forderung nach Offenlegung oder auch der Zustand der Nachvollziehbarkeit verstanden werden (vgl. Values Academy 2025, o. S.). Transparenz ist der Feind der Korruption.
Im Kontext mit Korruption geht es um das Offenlegen aller Bestandteile eines Vertrags bzw. einer Vereinbarung und um die beteiligten Personen, um eventuelle Verwandtschafts-, Freundschafts- oder Interessensverhältnisse und um die Frage der Befangenheit hinsichtlich zu treffender Entscheidungen, in Summe um das Erfüllen des Appells **„Know your partner!" („KYP!")**.

►   Klitgaard et al. kleiden Korruption in folgende einprägsame Formel:
     $C = M + D - A.$

Dabei gilt: C = Korruption, M = Machtmonopol, D = Ermessen (-sfreiheit, discretion) und A = **Rechenschaftspflicht** (accountability, transparency). D. h.: Hat jemand die **Entscheidungsbefugnis** über die Vergabe eines Guts oder einer Dienstleistung und die **Ermessensfreiheit** zu entscheiden, wer in welchem Umfang dieses Gut bzw. diese Dienstleistung erhält. Aber wenn es keine **Pflicht zur Rechenschaft** bzw. für Berichte gibt, aufgrund derer die Vergabeentscheidung nachvollzogen werden kann, besteht die Tendenz zu Korruption (vgl. Klitgaard et al. 2000, S. 27 und 32). Mehr Transparenz, Integrität und Rechenschaftspflicht **im öffentlichen Sektor** führen zu weniger Korruption. Dänemark, seit Jahren „Sieger" im **CPI-Ranking,** weist – wie auch die anderen Staaten Nordeuropas – traditionell eine relativ hohe Transparenz öffentlicher Angelegenheiten sowie weit verbreitete, akzeptierte demokratische Kontrolle auf. Korruption oder „Freunderlwirtschaft" stoßen dort auf offene Ablehnung (vgl. GRECO 2021, S. 3 und 6).

Staatsanwalt i. R. Walter Geyer dazu: Je wichtiger die Entscheidung für die Betroffenen, umso größer die Gefahr, dass getrickst wird (vgl. Fellner 2021, o. S.).

9.2.3 Code of Ethics/Code of Conduct

Ein Code of Ethics soll Standards, Richtlinien und Soll-Werte (im Sinne von Moral, Ethos und Anstand) als verbindliche Rahmenbedingungen für individuelles und institutionelles Handeln enthalten, an die sich Führungskräfte, Mitarbeitende einer Organisation und auch Geschäftspartner zu halten haben, und welche die Zusammenarbeit untereinander und mit außenstehenden Stakeholdern regeln.

Typische Inhalte eines korruptionsbezogenen Code of Ethics sollten sein (vgl. Saitz 2010, S. 163 f.):

- Allgemeine Verhaltensgrundsätze:
  Integres Verhalten, Akzeptanz von gesetzlichen und untergesetzlichen Regeln, unternehmensinternen Richtlinien sowie vertraglichen Vereinbarungen; Transparenz, Respekt gegenüber allen, Ehrlichkeit, Vertraulichkeit, gesellschaftliches Vorbild, Vorbildfunktion der Führungskräfte.
- Umgang mit Geschäftspartnern, mit Partnern in Behörden und Politik, mit Arbeitnehmervertretern und mit ausländischen Geschäftspartnern; Geldwäscheverbot; keine Geschenkannahme (kein „Anfüttern" bzw. „Klimapflege")
- Vermeidung von Interessenskonflikten: Wettbewerbsklauseln; Privatbeteiligungen an Unternehmen; Nebenbeschäftigungen
- Umgang mit Informationen: Vertrauliche Behandlung von Geschäftsinformationen, Berichten, Betriebsgeheimnissen; Inanspruchnahme von Hinweisgebersystemen; Datenschutz und Datensicherheit.

Die **Wirkung** eines solchen Codes hängt entscheidend ab

- von der uneingeschränkten Unterstützung des Top Managements,
- von der Einhaltung der Vorgaben durch die Führung selbst (Vorbild-Wirkung),
- ob es der Führung gelingt, die Leitlinien in die Unternehmenskultur zu integrieren,
- wie konsequent Regelverstöße geahndet und Sanktionen gesetzt werden,
- ob Regeln laufend auf ihre Aktualität geprüft werden, und
- ob die Einhaltung der Regeln laufend geprüft (auditiert) wird.

Es kommt vorrangig auf den Sinn („Geist") der Vereinbarung und deren verständliche Kommunikation an alle Geschäftspartner an. Entscheidend ist aber die Umsetzung im Tagesgeschäft. Im negativen Extremfall sind solche Kodizes nichts weiter als **„Corporate window dressing"**.

Für Zwecke der Kontrolle wesentlich ist die Sichtweise auf den Code of Conduct als dokumentiertes Soll, damit regelmäßig bzw. bei Bedarf ein allseits akzeptierter **Soll-Ist-Vergleich** einschließlich Abweichungsanalyse und allfälligen Verbesserungsmaßnahmen erfolgen kann.

9.3   Zero Tolerance Policy

Hier geht es um unternehmenspolitische Festlegungen (normative Ebene). Inhalt des normativen Managements sind Prinzipien, Normen und „Spielregeln". Normative Ziele sind die Voraussetzung bzw. Vorsteuergröße für erfolgreiches strategisches Handeln, ohne dabei auf Korruption als Hilfsmittel zurückzugreifen.

Unternehmen können sich vor nur Korruption schützen, indem sie eine strikte **Null-Toleranz-Politik** gegenüber Bestechung und anderen unethischen Praktiken verfolgen (ESGvolution 2023, o. S.).

Entscheidend ist der **„Tone from the Top"**: Das Vorleben und die klare Kommunikation des Top Managements prägen die Integritätskultur einer Organisation. Wenn von der Führung klar kommuniziert wird, dass Korruption in keiner Form geduldet wird, fördert dies die Integritätskultur und beeinflusst Awareness und Verhalten der Belegschaft.

Im ESG-Kontext spielt die Korruptionsbekämpfung eine Schlüsselrolle, da sie zu sozialer Verantwortung, guter Governance, Werthaltung und langfristiger Nachhaltigkeit beiträgt (vgl. ESGvolution 2024, o. S.).

9.4 Gestaltung der Aufbauorganisation

In der Aufbauorganisation sind Rahmenbedingungen und Kompetenzen festzulegen, die der Prävention vor und der Bekämpfung von Korruption dienen.

9.4.1 HR

Trotz der idR knappen Personal- und Budgetressourcen sollte – jedenfalls in größeren – KMUs eine eigene Stelle HR (Human Resources) bzw. HRM (Human Ressource Management) (HRM) bzw. Human Capital Management (HCM) eingerichtet sein bzw. werden.

„Ein Unternehmen ist nur so gut wie seine Mitarbeiter." Dieser Slogan gewinnt seit einiger Zeit wieder stark an Bedeutung. Der Grund für diese Renaissance des Mitarbeiters als Schlüsselfaktor für den Unternehmenserfolg ist der strukturelle Wandel von der Industrie- zur Wissens- und Dienstleistungsgesellschaft. Mitarbeiter sind nicht nur die wertvollste, sondern auch die sensibelste Ressource (Kobi 2021, S. 377). Und im Kontext von Korruption spielt Personal die Hauptrolle.

9.4.2 Risikomanagement (RM)

RM sollte zentraler Bestandteil der Unternehmensführung auch in KMU sein, der die gezielte Frühaufklärung, Identifizierung, Handhabung und Überwachung der Unternehmens-, hier vor allem der **Personalrisiken** umfassen sollte.

▶ Oberstes Ziel im Korruptionsrisikomanagement ist es, Korruption zu verhindern bzw. möglichst zu erschweren. Dabei geht es um die Prozessfolge: Risikoidentifikation → Risikoanalyse → Risikobewertung → Risikosteuerung → Risikokontrolle → Risikokommunikation und -reporting.

Im Korruptionskontext wird unter Risiko der Verdacht auf eine bzw. die Möglichkeit einer korruptiven Handlung im Unternehmen verstanden (**Integritätsrisiko**), sei es, dass Führungskräfte oder Mitarbeiter oder Geschäftspartner als Geber oder als Nehmer auftreten.

Rund ein Drittel der österreichischen Unternehmen wurde in den vorigen 24 Monaten Opfer von Wirtschaftskriminalität. Das zeigte die „**Global Economic Crime and Fraud Survey 2020**" (vgl. pwc 2020, o. S.; CompliancePraxis 2020, o. S.). Für diese weltweite Erhebung wurden über 5.000 Führungskräfte in 99 Ländern befragt.

Die Hälfte der Respondenten hatte **kein ausgereiftes RM** für Geschäftspartner, obwohl weltweit jeder fünfte Befragte angab, dass die schwerwiegendste Straftat von einem Verkäufer/Zulieferer ausging. In Österreich verzichteten 36 % (global: 21 %) auf Mechanismen zur Überprüfung und laufenden Kontrolle ihrer Geschäftspartner.

Die Ergebnisse der Umfrage legen nahe, dass heimische Unternehmen Aufholbedarf betreffend Präventivmaßnahmen in Zusammenhang mit Wirtschaftskriminalität hatten bzw. haben. Ein Viertel der österreichischen Respondenten gab an (global: 14 %) an, über keine Programme zu verfügen, die sich mit Risiken aus Wirtschaftskriminalität befassen. Über die Hälfte der österreichischen Teilnehmer (global: 47 %) hatten nur ein informelles oder kein Risk Assessment als Präventivmaßnahme gegen Wirtschaftskriminalität. Und 56 % der heimischen Teilnehmer an (global: 40 %) gaben an, nur begrenzt oder gar keine Prüfung der Effektivität der internen Kontrollen durchzuführen (vgl. pwc 2020, o. S.; CompliancePraxis 2020, o. S.).

9.4.3 Kontrolle und Rechenschaftspflicht

Bedeutung von Kontrolle
Korruption ist ein Delikt, das durch **Kontrolldefizite** (z. B. Vernachlässigung der Aufsicht) begünstigt wird und dessen Aufdeckung vor allem von gezielten Untersuchungen, Kontrollen und Prüfungen abhängt (vgl. Sickinger 2011, S. 9). Die Korruptionsneigung eines Mitarbeiters nimmt zu, wenn er die Aufdeckungswahrscheinlichkeit und die negativen Sanktionen durch den Vorgesetzten als gering einschätzt.

Welch hohen Stellenwert **Kontrolle** in der Korruptionsprävention haben sollte, zeigt folgendes Zitat:

Es „… lassen sich insbesondere Moral und Kontrollen sowohl auf Ebene einzelner Personen als auch auf Ebene des Umfelds, aber auch das situative Zusammentreffen korruptionsgeneigter Personen und korruptionsbegünstigender Kontexte als Ansatzpunkte für Korruptionsprävention ausmachen" (Linssen, R. et al. 2014, S. 21).

Unter Berücksichtigung der Ergebnisse von Risiko-/Schwachstellenanalysen sowie möglicher Kosten-/Nutzenaspekte sollte die Führung ihre Mitarbeiter, ihr Verhalten bzw. ihre Aktivitäten und nicht nur die Ergebnisse stichprobenmäßig kontrollieren. Die **Rechenschaftspflicht** ist lückenlos zu fordern, IT-gestützt einzurichten und ihre Einhaltung zu prüfen.

Kontrollen entfalten nur dann eine präventive bzw. abschreckende Wirkung, wenn die Maßnahme den Mitarbeitern bekannt ist. Andererseits haben Kontrollen, die unter Umständen (noch) nicht eingesetzt, sondern nur angekündigt wurden, oft denselben Verhaltenseffekt wie durchgeführte Kontrollen.

Stimmt die Aussage „Vertrauen ist gut, Kontrolle ist besser" (vom russischen Sprichwort: „Vertraue, aber prüfe nach!")? Vertrauen beruht auf der Erfahrung, inwieweit ein Partner zuverlässig, ehrlich, berechenbar ist bzw. agiert. Unrichtig ist die Ansicht, Kontrolle sei wichtiger oder besser als Vertrauen. Kontrollen sind vielmehr Voraussetzung, dass Mitarbeitende und Führungskräfte Vertrauen in eine geordnete, redliche Unternehmensführung (**„Good Corporate Governance"**) entwickeln können. Es braucht eine umsichtige Balance zwischen Vertrauen und Kontrolle (vgl. Eschenbach 2003, S. 39 f.),

Internes Kontrollsystem (IKS)

Im IKS geht es um Ordnungsmäßigkeit, Funktionssicherheit und Wirtschaftlichkeit der betrieblichen Aufzeichnungen, Abläufe und Auswertungen anhand von integrierten, prozessbegleitenden oder nachgelagerten Kontrollen. Das IKS umfasst alle Maßnahmen, die dazu dienen, das Vermögen einer Organisation zu sichern, Genauigkeit und Zuverlässigkeit der Daten zu gewährleisten und die Einhaltung der Geschäftspolitik zu unterstützen.

Wichtige Komponenten eines effektiven und zugleich effizienten IKS sind u. a. (vgl. Eschenbach und Siller 2019, S. 124 f.; IIA Austria 2004, S. 29 und 34 f.):

- Digitales bzw. automatisiertes IKS
- Authority Limits und Richtlinien in allen Bereichen
- Zielorientiertes Arbeiten nach dem Grundsatz: Aufgaben = Kompetenz = Verantwortung
- Klare Organisations- und Führungsgrundsätze
- Transparente Abläufe
- Klare Verfahrens- und Dienstanweisungen
- Systemimmanente Kontrollen
- Regelkreisdenken (Plan – Do – Check – Act)
- Funktionstrennung
- Vier-Augen-Prinzip

• Regelmäßige Audits, ob das IKS auch tatsächlich gelebt wird.

Funktionstrennung

Im Rahmen der Aufbauorganisation sollten Aufgaben und Prozesse in die Funktionen bzw. **Teilaktivitäten** Planen, Bearbeiten (Durchführen), Kontrollieren (Prüfen) und bei Bedarf Korrigieren zerlegt werden. Danach werden die einzelnen Aktivitäten verschiedenen Mitarbeitern zugewiesen.

Kein Mitarbeitender darf seine eigenen Arbeitsergebnisse in einer späteren Phase des Geschäftsprozesses weiterbearbeiten und nur selbst kontrollieren, einerseits um Fehlern vorzubeugen und andererseits, um geschäftsschädigendes Verhalten nach Möglichkeit hintanzuhalten. Zudem fördert Funktionstrennung die Transparenz und ermöglicht Lerneffekte.

Vollziehende (z. T. Abwicklung von Einkäufen), verbuchende (z. B. Finanzbuchhaltung, Lagerbuchhaltung) und verwaltende (z. B. Lagerverwaltung) Tätigkeiten innerhalb eines Prozesses (z. B. Einkaufsprozess verstanden als Prozess von der Bedarfsermittlung bis zum Zahlungsausgang) dürfen nicht in einer Hand sein. Besonders wichtig ist die Trennung der Phasen Bearbeiten und Kontrolle (vgl. IIA Austria 2004, S. 34).

Gerade in (vor allem kleineren) KMU wird oft die Meinung geäußert, man habe nicht ausreichend Leute, um Funktionen sauber zu trennen. Dem kann nur entgegengehalten werden: Bitte die Prozesse so organisieren, dass zwischen einzelnen Arbeitsschritten automatisch Kontrollen erfolgen. Dies ist bei jeder Unternehmensgröße außer in EPU möglich. Denn die Alternative ist bekannt: Risiko bzw. Gelegenheit u.a. für korruptes Verhalten.

Vier-Augen-Prinzip

Das **Vier-Augen-Prinzip** hängt mit der Funktionstrennung zusammen. Es ist in jeder der drei Prozessphasen (Vollzug, Verbuchung, Verwaltung) anwendbar und bedeutet, dass ein Vorgang von einer zweiten, nicht im Prozess involvierten Person kontrolliert wird, und dass die **Kontrolle** und die Richtigkeit des kontrollierten Sachverhalts durch Unterschrift bzw. Signatur bestätigt wird (vgl. IIA Austria 2004, S. 35).

Ziel des Prinzips ist es, das Risiko von Fehlern und Missbrauch zu reduzieren. Es bietet aber den Beteiligten auch Schutz und verteilt die Verantwortung. Allen Entscheidungsträgern muss klar sein, dass sie mit ihrer Unterschrift persönliche Verantwortung und auch Haftung übernehmen.

Das Prinzip verfehlt aber seinen Zweck, wenn es aufgrund unzureichender Rahmenbedingungen bzw. Zeitmangels zu keiner qualifizierten Kontrolle führt, sondern nur ein „**schnelles Mitzeichnen**" einer zweiten Person ohne fundierte Beschäftigung mit dem Sachverhalt darstellt.

Das Vier-Augen-Prinzip kann gezielt umgangen werden, wenn eine Person, die dazu nicht autorisiert ist, aber dem Erst-Unterfertigten (blind) vertraut, zur Zweitunterschrift aufgefordert wird, bei Unterschriftsleistung evtl. auch noch abgelenkt wird, und nur „pro forma" unterfertigt.

In komplexen Sachverhalten empfiehlt sich mitunter die Anwendung des Sechs-Augen-Prinzips. Der obige Verweis auf die Verantwortung jedes Unterfertigten gilt unverändert.

9.4.4   Interne Revision (IR)

Das IKS sollte durch die IR regelmäßig auf seine Funktionsfähigkeit geprüft werden. Haupt-Tool der IR als Prüfstelle sollte – wie auch im Controlling – der Soll-/Ist-Vergleich sein. Wobei eine bestimmte Norm bzw. Vorgabe der Unternehmensleitung das Soll darstellt.

Als Mitarbeiter und als Prüfer sollte man lernen, ein gesundes professionelles Misstrauen gegenüber der bloß behaupteten Integrität von Menschen und Sinnhaftigkeit von Regeln und Abläufen mitzubringen (vgl. Fellmann 2010, S. 8).

▶   **Wichtig** Hinschauen und Auffälligkeiten hinterfragen statt wegschauen und glauben, „es sei ohnehin in Ordnung" bzw. zu glauben „das ist sicher nur ein Einzelfall". Professionelle Skepsis ist kein Ausdruck für Misstrauen, sondern vielmehr Ausdruck von Objektivität.

Aufgrund der idR knappen Personal- und Budgetressourcen findet sich eine IR-Stelle nur in größeren KMUs. Dann könnten die Aufgaben der IR von Controlling bzw. Corporate Compliance bzw. von beiden übernommen werden.

9.4.5   Controlling

In der zunehmend digitalen Welt verstehen wir (vgl. Eschenbach und Siller 2019, S. 92) Controlling als die Unternehmensführung

Tab. 9.1 Wesentliche Unterschiede zwischen IR und Controlling. (Vgl. Eschenbach und Siller 2019, S. 124)

Kriterium	IR	Controlling
Verhältnis zu den zu prüfenden Stellen	Prozessunabhängigkeit	Prozessabhängigkeit
Zeitlicher Aktionsschwerpunkt	Ex post	Ex ante, Ex nunc
Hauptziele	Vermögensschutz, Ordnungsmäßigkeit	Management Support
Schwerpunkt in der Beratung der Unternehmensleitung	IKS-orientiert	Business-orientiert

- **ergänzende** Funktion im Sinne des Ausgleichs von Defiziten bei Führungskräften im methodischen wie im betriebswirtschaftlichen Wissen und Denken,
- **entlastende** Funktion im Sinne der Übernahme von Aufgaben, die zwar dem Management obliegen, die es aber aus Kapazitätsgründen temporär (z. B. Vorbereitung von Entscheidungen) oder dauerhaft (z. B. an HR- oder Risiko-Controlling) delegiert,
- **präventive Funktion** im Sinne der Einrichtung eines Frühaufklärungssystems zwecks Erkennens von Chancen, (Personal-)Risiken und zur Überwachung der Unternehmensprozesse.

Die wesentlichen Unterschiede zwischen IR und Controlling zeigt Tab. 9.1.

9.4.6 Corporate Compliance

Trotz der idR knappen Personal- und Budgetressourcen sollte – jedenfalls in größeren – KMUs eine eigene Stelle „Corporate Compliance" eingerichtet werden.

Die **Hauptaufgaben** sollten sein:

- Einrichtung, Betrieb und Pflege des IMS
- Gestaltung der Compliance-Bemühungen
- Einrichtung, Betrieb und Pflege des Hinweisgeber:innen-Schutz-Systems
- Erstellung und Umsetzung von Anti-Korruptions-Fortbildungs-Veranstaltungen
- Regelmäßige Abstimmung mit HR, RM, IR bzw. Controlling

- Federführende Mitarbeit bei Formulierung bzw. Weiterentwicklung der Null-Toleranz-Politik der Führung
- Mitarbeit in Reporting und Kommunikation bezüglich Compliance-Leistungen.

9.4.7 Hinweisgeber*innen-Schutzsystem

Korruptionsprävention gelingt nur in einer offenen und vertrauensvollen Arbeitsatmosphäre: Mitarbeitende müssen darauf vertrauen können, dass sie sich jederzeit und ohne Gefahr vor Repressalien an Vorgesetzte bzw. externe Ansprechpersonen wenden können.

Das HinweisgeberInnenschutzgesetz (HSchG) verpflichtet **Unternehmen ab 50 Mitarbeitenden** zur Einrichtung interner Meldekanäle, damit Hinweisgebende vertraulich an diese (Verdachtsmomente über) Verstöße melden können. Es kann auch für kleinere Organisationen gelten, wenn diese in bestimmten sensiblen Bereichen tätig sind (z. B. Finanzdienstleistungen und -produkte).

Hinweisgeber ist, wer im Rahmen einer beruflichen Tätigkeit von einer Rechtsverletzung Kenntnis erlangt und diese durch einen Hinweis aufdeckt. Das sind neben Arbeitnehmern auch vor allem Mitglieder leitender Organe (Geschäftsführung …), Arbeitnehmer von Auftragnehmern und Sub-Lieferanten. Hinweisgeber werden durch das HSchG 2023 idgF geschützt (vgl. WKO 2024b, o. S.).

Das HSchG gilt für die Hinweisgebung hinsichtlich (des Verdachts) der Verletzung von Vorschriften u. a. auch im Bereich Korruption (§§ 302 bis **309 StGB**).

Der Gesetzgeber bietet Whistleblowern die Möglichkeit, sich sowohl an eine interne (bevorzugte Variante) als auch an externe Stellen zu wenden. Als externe Stelle fungiert das BAK.

Das **digitale Hinweisgebersystem** hat sich mittlerweile als effizienteste Lösung durchgesetzt (vgl. pwc 2021, o. S.; SN 2023e, S. 2). Es gewährleistet als einziger Kanal die vollständige Anonymität für Hinweisgeber, lässt sich beliebig skalieren und eignet sich für KMU gleichermaßen wie Konzerne. Software-Lösungen (z. B. von EQS Group) sind zahlreich verfügbar und kostengünstig. Ein digitales System lässt sich durch E-Mail-, Telefon- bzw. Ombudsperson-Lösung ergänzen.

TI Austria (o. J.) entwickelte einen Leitfaden für Hinweisgeber und Unternehmen. Und KMUs können sich Beispiele an Großunternehmen nehmen, z. B. Wienerberger AG, https://www.wienerberger.com/de/ueber-uns/compliance.html.

Welches ist inhaltlich das beste System? Jenes, in dem **gar keine Meldungen ankommen!**

9.4.8 Schwarze Kassen und Scheinrechnungen

Pkt. 6.7 („Interne Kontrollen und Rechnungsprüfung") der Geschäftsgrundsätze von TI zur Bekämpfung von Korruption lautet: Das Unternehmen soll seine Buchführung korrekt führen und **keine Geheim- oder Nebenkonten** führen; es soll (…) die internen Kontrollsysteme, insbesondere die Praxis der Buchführung und Dokumentation, regelmäßig auf ihre Tauglichkeit zur Bekämpfung von Korruption überprüfen.

Der erfolgsmindernde Ausweis der „nützlichen Aufwendungen" in den Büchern bzw. deren steuerliche Anerkennung als Betriebsausgabe ist bereits seit vielen Jahren verboten.

Falls Korruption in Form von **Schmiergeld** erfolgen soll, erfordert dies einen möglichst unauffälligen Fluss von Bargeld ins und aus dem Unternehmen und damit sog. Schwarze Kassen, deren Existenz zudem noch verheimlicht werden muss.

Diese Kassen (im Deutschen Reich Reptilienfonds genannt) werden idR mit Hilfe von (fiktiven oder betraglich überhöhten) Scheinrechnungen gefüllt, die z. B. für nicht erbrachte, aber behauptete Gutachten, Beraterleistungen, Studien, Publikationen oder sonstige, oft grob auch als **„Management Fees"** umschriebene Leistungen ausgestellt, aber nicht beglichen werden. In **Scheinrechnungen** steht dem behaupteten Rechnungsbetrag keine Leistung oder keine den Rechnungsbetrag rechtfertigende Leistung gegenüber.

Auch sachlich nicht gerechtfertigte „Gutschriften", die dann nicht zur Auszahlung gelangen, tragen zum Zufluss in eine „schwarzen Kasse" bei.

Was den Abfluss von Mitteln aus schwarzen Kassen zu korruptiven Zwecken betrifft, sind folgende **Überlegungen zur Prävention** zweckdienlich (vgl. Odenthal 2014, S. 226):

- Geplante Zahlungen müssen im Budget bzw. im Finanzplan aufscheinen.
- Auffälligkeiten („**Red flags**") in Verträgen, Aufträgen, Rechnungen und geplanten Zahlungen ist nachzugehen. **Red flags** sind u. a. gegeben, wenn zahlungsbegründende Belege unvollständig sind, Leistungsnachweise fehlen, zwingend geforderte Unterschriften fehlen, Vertrags- oder Leistungskonstruktionen nicht plausibel sind, Repräsentationsaufwendungen in unüblicher Höhe

bzw. an ungewöhnlichen Orten anfallen, nicht näher begründete Druckkostenbeiträge vorgesehen sind, PR-Leistungen als wissenschaftlich erforderlich bezeichnet werden, oder wenn Zahlungen vor Leistungserbringung erfolgen.

- „Sonder-" bzw. Schattenbudgets darf es im integren, transparenten Unternehmen nicht geben.
- Besondere Erwähnung verdienen Leistungsbeschreibungen in Verträgen bzw. Aufträgen und Leistungsverzeichnissen; je kürzer, allgemeiner und weniger nachvollziehbar ein solcher Text, umso intransparenter die Sachlage und umso höher die Wahrscheinlichkeit einer geplanten Verheimlichung bzw. Irreführung eines prüfenden Dritten.

9.5 Gestaltung der Ablauforganisation

Auch in der Ablauforganisation sind Festlegungen zu treffen, die der Prävention vor und der Bekämpfung von Korruption dienen.

9.5.1 Personnel Due Diligence

„Due Diligence" bedeutet eine mit gebotener Sorgfalt durchgeführte „vertiefte" Prüfung. Wie auch die OECD-Leitsätze zur Korruptionsprävention für multinationale Unternehmen vorsehen, kommt der **Personalauswahl** – vor allem in KMU – sehr große Bedeutung zu.

Aufgrund empirisch fundierter Erkenntnisse aus Psychologie und Kriminologie lässt sich sagen: Die **Wahrscheinlichkeit geschäftsschädigenden Verhaltens** eines Bewerbers ist umso **niedriger,**

- … je mehr er andere Menschen für vertrauenswürdig hält,
- … je weniger er davon ausgeht, dass Regelverletzungen im Berufsleben weit verbreitet sind,
- … je weniger er dazu neigt, Regelverstöße zu rechtfertigen,
- … je weniger er über Regelverstöße nachdenkt,
- … je gelassener und selbstsicherer er ist,
- … je zuverlässiger und kontrollierter er ist,
- … je mehr er Risiken und Aufregungen meidet,
- … je ruhiger, umgänglicher und bescheidener er ist,
- … je mehr er dazu neigt, Konflikte zu vermeiden und nach Harmonie zu streben.

Der Grundsatz der Geldwäschebekämpfung **„Know your partner!"** **(„KYP")**
läßt sich sehr gut auf Personal-Recruiting und vor allem auf den Prozess des
Onboardings übertragen.

Wichtig ist auch das frühzeitige **Aufdecken von Interessenskonflikten.** Bei
Vorliegen einer möglichen Interessenskollision sollte die Nebentätigkeit entweder
untersagt werden oder durch weitere Präventionsmaßnahmen, wie z. B. Rechenschaftspflicht, Vier-Augen-Prinzip oder Personalrotation gestattet und verfolgt
werden.

Die Prüfung auf Interessenskollision sollte sich auch auf die **Beteiligung
naher Angehöriger** (z. B. Gatte/Gattin, Kinder, elterlicher Betrieb) erstrecken.

Aufnahmeverfahren sollten professionell geplant und sorgfältig durchgeführt
werden. Referenzen (aus verlässlicher Quelle) kommt eine ebenso wichtige Rolle
zu wie Assessment-Centers mit Übungen (Case Studies) zu tatsächlichen oder
fiktiven Korruptionsszenarien bzw. sog. **Near misses,** also Vorfällen, die gerade
noch verhindert werden konnten (vgl. Olfert 2010, S. 153).

Hauptaugenmerk sollte auf **Integritätstests** liegen. Hier werden zwei Testver-
fahren kurz vorgestellt:

- Der **Psychologische Integritätstest (PIT)** ist ein eignungsdiagnostisches Test-
  verfahren, mit dem das **Integritätsniveau** eines Menschen bestimmt werden
  kann. Aufgebaut ist der Test wie ein Intelligenz-, oder ein Leistungstest.
  Der Kandidat stellt sich den Aussagen des Tests und muss auf einer vier-
  stufigen Skala angeben, wie stark die Aussagen auf ihn selbst zutreffen.
  Entwickelt wurde der Test von der Arbeitsstelle Forensische Psychologie der
  TU Darmstadt in Kooperation mit der Universität Regensburg und der Unter-
  nehmensberatung Team Psychologie & Sicherheit. Der PIT wurde an mehreren
  Tausend Stellenbewerbern und an wegen Eigentumsdelikten verurteilten Per-
  sonen überprüft und normiert. Gerade im Falle der geplanten Besetzung von
  Stellen mit Verantwortung hat der Test das Potenzial, die integren Bewerber
  auszuwählen. Der Vorteil des PIT liegt auch darin, dass ein einem Jobprofil
  entsprechendes Integritätsmuster ermittelt werden kann (vgl. Reiß 2007, o. S.).
- Mithilfe der 38 Fragen umfassenden **Hannoverschen Korruptionsskala
  Österreich-Version** (kurz: **HKS 38 Ö**) erfolgt die Messung der Einstellung zu
  Korruption, indem die Befragten bestimmten Aussagen graduell zustimmen
  können: Die Antwortmöglichkeiten zu jeder Aussage reichen von 1 (lehne
  stark ab) über 2 (lehne ab), 3 (weder noch) und 4 (stimme zu) bis 5 (stimme
  stark zu) (vgl. Linssen et al. 2017, S. 17–20; BAK 2022, S. 15 f.). Mit der
  HKS 38 Ö wird die **Einstellung zu Korruption** anhand eines Multikomponen-
  tenmodells operationalisiert, das die drei Einstellungskomponenten kognitiv,

affektiv und konativ umfasst. Die kognitive Komponente umfasst Überzeugungen, Gedanken und Merkmale, die mit einem Sachverhalt verbunden sind. Die affektive Komponente umfasst die mit dem Sachverhalt verbundenen Emotionen. Die konative Komponente beinhaltet Verhaltensweisen gegenüber einem Sachverhalt, den eine Person ausgeführt hat oder künftig ausführen könnte (Heber et al. 2020, S. 8; Heber und Schäffer 2017, o. S.). Der Fragebogen ist **online verfügbar** (vgl. Heber et al. 2019, S. 46–48).

9.5.2 Risikoanalysen

Das Integritätsrisiko ist nicht offen erkennbar. Aber es gibt empirische Erkenntnisse, Täterprofile und das Doloses Dreieck. Zudem sollten (Früherkennungs-) Indikatoren zum Einsatz kommen:

Indikatoren sind Anzeiger bzw. (Warn-)Hinweise (Signale) für latente Ereignisse, Entwicklungen, Chancen und Risiken. Sie können als Hilfs- bzw. Stellvertretergrößen betrachtet werden, die helfen sollen, nicht unmittelbar wahrnehmbare Phänomene zu erkennen.

Korruption ist kein offenkundiges Delikt, sondern eine Form von „off-the-book fraud", einer „klandestinen Austauschbeziehung". Aber es hinterlässt für aufmerksame Führungskräfte und Prüfer Spuren bzw. Red flags (Verhaltensauffälligkeiten).

Indikatoren für Korruptionsverdacht können eingeteilt werden in personenbezogene (z. B. aufwändiger Lebensstil, gesteigertes Geltungsbedürfnis) und aufgabenbezogene Indikatoren (z. B. häufiger, privater Umgang mit Lieferanten, nicht nachvollziehbare Rabatte an Kunden, das Auftreten von „Haus- und Hoflieferanten" oder intransparente Geschäftsgebarung).

Ein probates Beispiel für Indikatoren bzw. für eine Checklist **(nach der Ampel-Methode)** findet sich im Handbuch zur Korruptionsprävention der Stadt Wien (https://www.wien.gv.at/verwaltung/internerevision/pdf/eine-frage-der-ethik.pdf).

Durch wiederholte Analysen (Scanning) entstehen Risikolandschaften und -profile von Mitarbeitenden, die im Laufe regelmäßiger Quartals- bzw. Mitarbeitergespräche systematisch thematisiert und weiterverfolgt (Monitoring) werden sollten.

9.5.3 Jobrotation

Die länger während Tätigkeit von Mitarbeitern in einem Aufgabengebiet bzw. in einer Stelle kann dazu führen, dass Nahebeziehungen zu Firmen(-vertretern), Lieferanten oder Kunden aufgebaut oder **Befangenheitssituationen** geschaffen werden. Aus Sicht der jeweiligen Stellen bedeutet eine jahrelange Zusammenarbeit von Kollegen, dass die gegenseitige Kontrolle leiden könnte.

Jobrotation kann als Maßnahme der Personalaus- und -weiterbildung erfolgen. Sie kann aber auch Ausdruck einer Korruptionsprävention durch Versetzung oder Teamwechsel erfolgen. Grundlage sollte eine Risikoanalyse sein. Die Gefährdungssituation muss auch vom Mitarbeiter erkannt werden, sodass Rotation als Schutzmaßnahme und nicht als Misstrauen oder Schikane ihm gegenüber verstanden wird.

Je höher der Spezialisierungsgrad ist bzw. je länger die erforderliche Ausbildung war, umso weniger sinnvoll ist Personalrotation. In solchen Fällen sind andere Präventionsmaßnahmen wie Vier-Augen-Prinzip oder Transparenz und Berichtspflicht zu bevorzugen.

9.5.4 Postenschacher

Postenschacher ist die **unsachgemäße Einflussnahme auf Personalauswahlverfahren:** Attraktive Positionen in Unternehmen werden an Personen vergeben, die dafür nicht die bestmöglichen Qualifikationen, aber gute und „vielversprechende" Kontakte (Protektion) oder Geld mitbringen. Bei Postenschacher basiert die Stellenbesetzung auf persönlichen Verbindungen und erfolgt nicht gemäß objektiver, sachlicher Kriterien.

Postenschacher ist eine in Österreich besondere und stark historisch begründete Form der Korruption: Schon vor einer – formell korrekten – Postenausschreibung weiß der aufmerksame Beobachter, wer „das Rennen machen" wird. Wichtiger als Qualifikation sind Parteiloyalität, Zugehörigkeit zu einer Clique oder „Seilschaft". „In Österreich spielen Netzwerke eine viel zu große Rolle" (Die Presse 2024, o. S.).

Eine Steigerung dieses ohnehin schon hohen Grads der Geschäftsschädigung ist gegeben, wenn auch Mitglieder des Aufsichtsgremiums der betreffenden Organisation nach den Wünschen der „auserwählten" Führungskraft bestellt werden (vgl. Urschitz 2019, o. S.). Sitzen auch dort nicht die qualifiziertesten, sondern die „loyalsten", steht/sitzt einem **vollständigen** Versagen des „Kontroll"-Gremiums niemand mehr im Weg.

Studien zeigen, dass das Dulden von korrupten Handlungen in der Personalauswahl Vertrauen und Arbeitsethos der bestehenden Führungskräfte und Mitarbeitenden einer Organisation unterminiert und die Loyalität gegenüber dem Arbeitgeber sinken lässt.

► **Wichtig** Mitarbeiter, die ihre Position ihrem „**Old Boys**"-**Netzwerk,** Seilschaften bzw. guten Verbindungen zu verdanken haben, werden als weniger kompetent wahrgenommen und erhalten von ihren Kollegen auch weniger Unterstützung und mangelnde Anerkennung. Das kann zu einer zunehmenden Distanzierung zur Belegschaft und zu zunehmender Unproduktivität führen.

Wesentliche **Maßnahmen zur Prävention** (vgl. Tschiggerl 2021, o. S.):

- Personal ist nur aufgrund fachlicher, sozialer und persönlicher Kompetenzen auszuwählen.
- Im Vorfeld jeder Postenbesetzung sind klare Anforderungsprofile, Kompetenzen und Verantwortlichkeiten festzulegen.
- Grundsätzlich sollte jede zu besetzende Stelle auf gängigen Web-Portalen und in ausgewählten Printmedien öffentlich ausgeschrieben werden. Stellenausschreibungen sollten so formuliert sein, dass sie einen Wettbewerb unter Bewerbern zulassen.
- Während des Auswahlverfahrens hat jeder Bewerber einen lückenlosen und nachvollziehbaren CV vorlegen.
- Jeder Bewerber muss anhand eines strukturierten Fragebogens die gleichen Fragen gestellt bekommen; deren Beantwortung ist genau zu dokumentieren.
- Bei der Suche nach Führungskräften sollte neben der Führungs-, Fach- und Sozialkompetenz auch geprüft werden, ob der Bewerber die erforderliche positive Einstellung zu Anstand, Integrität und Transparenz hat.
- Bei hochrangigen Positionen sind lückenlos Informationen über Nebenbeschäftigungen, Mitgliedschaften sowie Naheverhältnisse zu politischen Parteien oder Interessenorganisationen transparent und glaubwürdig offenzulegen.
- Auswahlverfahren („Hearings") bei hochrangigen Positionen sollten stets von einem mehrköpfigen Gremium unbefangener Teilnehmer durchgeführt werden.

9.5.5 Transparenz in Beschaffung und Einkauf

Bei Beschaffung und Einkauf besteht grundsätzlich ein erhöhtes Risiko für das Auftreten von Korruption. Dieser kann vor allem **wie folgt vorgebeugt** werden:

- Erstellen von Beschaffungsrichtlinien (**„Supply Chain Policy"**) mit Regelung der Kompetenzen bzw. Wertgrenzen, wer Bestellungen zu tätigen, Wareneingänge zu checken, Eingangsrechnungen zu prüfen und Zahlungen freizugeben hat.
- Regelmäßige Prüfung der Supply Chain Policy auf Einhaltung.
- Prüfung des Bedarfs (in der benötigten Menge) beim Bedarfsträger
- Für Kontrollzwecke Beschaffungs-Anforderungen fingieren, um das ordnungsgemäße Funktionieren des Bestellprozesses zu checken.
- Prüfung im Beschaffungswesen auf Übereinstimmung von Bestellmenge, gelieferter Menge und in Rechnung gestellter Menge (3-Way-Match).
- Bei einem 3-Way-Match bleibt noch das Risiko, dass die Qualität der Ware mangelhaft ist. Wird in der Mengenprüfung auch noch die vom Abnehmer akzeptierte Qualität geprüft, liegt ein 4-Way-Match vor.
- Prüfen, ob die Beschaffungspreise dem Marktpreisniveau angemessen sind
- Regelmäßiges Vergleichen der Adresse von Lieferanten mit jenen von Mitarbeitern
- Prüfen, ob bestimmte Lieferanten bevorzugt oder sehr oft zum Einsatz kommen, bzw. Prüfen von Beschwerden von nicht zum Zug gekommenen Lieferanten
- Gründliche und lückenlose Eingangsrechnungsprüfung
- Regelmäßige Lieferantenbewertung (z. B. Scoring-Modell) mit einvernehmlich vorab vereinbarten Kriterien und einer vorab erstellten Auswertungstabelle mit Angaben, welches Gesamtscore der Bewertung welche Konsequenzen hat
- Durchführen und Dokumentieren einer Lieferanten-Due Diligence nach dem Prinzip **„Know your supplier!" („KYS!")**

9.5.6 Transparenz in Marketing und Vertrieb

Auch bei Marketing und Vertrieb besteht grundsätzlich ein erhöhtes Risiko für das Auftreten von Korruption. Diesem kann **wie folgt vorgebeugt** werden:

- Erstellung von Marketing- und Vertriebs-Richtlinien (**„Sales Policy"**).
- Regelmäßige Prüfung der Sales Policy auf Einhaltung.

- Prüfung auf Fälle eines Verkaufs unter dem vorgesehenen Preis bzw. mit überhöhten (evtl. nachträglichen) Preisnachlässen (Rabatte) oder Skonti (Zinsnachlässen)
- Auffallen müssen Fälle der Verringerung von Forderungen an Kunden aufgrund überhöhter Wertberichtigung oder gänzlicher Abschreibung der Forderung.
- Prüfen einer auffallend hohen Zahl an Gutschriften an bestimmte Kunden.
- Prüfen des Umstands, wenn „alte" Forderungen durch „junge" Forderungen ersetzt werden. Damit werden Forderungen weniger rasch fällig und fallen daher oft weder intern noch einem externen prüfenden Auge gleich auf.
- Auch eine absichtlich späte Fakturierung an bestimmte Kunden könnte sich ein Verkäufer „vergüten lassen".
- Erstellen einer Forderungsmanagement-Richtlinie (Credit Management Policy) mit Vorgaben zum planmäßigen Entstehen einer Forderung, zu deren planmäßigen Eintreibung, zum Mahnwesen und zu Authority Limits, wer welche preis- bzw. Deckungsbeitrags-relevanten Entscheidungen bis zu welcher Höhe treffen darf.
- Durchführen und Dokumentieren einer – über die herkömmliche Bonitätsprüfung von Kunden hinausgehende – Kunden-Due Diligence nach dem Prinzip des **„Know your Customer!"** **(„KYC!")**, also: Wer ist der Kunde des Kunden des Kunden ....

Bestechungsgelder können auch in **karitativen Beiträgen oder Sponsoring** versteckt sein. Hier gilt es sicherzustellen, dass solche Zuwendungen nicht im Zusammenhang mit einem angestrebten Geschäftsabschluss stehen. Spenden sollten immer an eine Organisation gehen und nicht an eine Einzelperson. Sponsoring heißt Geld oder eine geldwerte Leistung geben, um das Unternehmen mit einem (z. B. Sport- oder Kultur-)Event in Verbindung zu bringen. Es sollte dem Unternehmen messbare Vorteile bringen und nicht als Deckmantel für Korruption dienen.

9.5.7 Ausschreibungen

Zur **Vermeidung von Manipulationen** sollten die eingehenden Angebote von einem unabhängigen Dritten gesammelt und gesondert gespeichert (aufbewahrt) werden. Weiters ist vor allem auf Folgendes zu achten:

- Grundsätzlich drei Angebote verschiedener Bieter einholen

- Definition der nachgefragten Leistungen nicht maßschneidern auf das Angebotsportfolio eines bestimmten Lieferanten
- Prüfen von Argumenten, die für einen einzigen Lieferanten sprechen, sowie Prüfen der Echtheit von Pflichtdokumenten, der Unterschriftsberechtigung der Unterfertigten, sowie der Einhaltung der vorgesehenen Prozesse
- Striktes Befolgen des Grundsatzes: Gleiche Information an alle Bieter
- Keine Aufteilung von Aufträgen an Lieferanten, die ein Angebotskartell bilden könnten
- Mögliche Kollusion (d. i. das Zusammenwirken mehrerer Personen mit Schädigungsabsicht).

9.5.8 Realistische Zielvereinbarungen

Zahllose KMU sehen sich heute – vor allem angesichts der schwachen Konjunktur – beschaffungs- wie absatzseitig mit Konkurrenz-, Preis-, Kosten- und Margendruck konfrontiert; daraus entsteht Druck auf Mitarbeitende, die Ziele auf Gesamtunternehmens-, Divisions- oder Abteilungsebene möglichst vollständig zu erreichen.

Nichts spricht dagegen, dass Führungskräfte einen Anspannungsgrad in die Zielvereinbarungen einbauen, d. h. dass z. B. Marktanteils-, Umsatz- oder Deckungsbeitragszielezwar nicht leicht, aber unter schaffbaren Anstrengungen doch erreichbar sind.

Zu anspruchsvolle Ziele allerdings könnten Mitarbeitende zu dolosen Handlungen verführen. Wenn z. B. Verkäufer bestimmte Absatz- oder Umsatzziele zu erreichen haben, die Gewährung von Rabatten aber nicht in Frage kommt, könnte Korruption als Mittel zur Absatzförderung, Auftrags- und Umsatzsicherung in Betracht gezogen werden.

Um Aufträge zu erhalten, scheint es gerade im Ausland oft schwierig, „sauber" durchzukommen – vor allem dann, wenn sich auch Mitbewerber nicht an das Gesetz halten.

Was vor Jahren noch als „**Marketingbudget**" galt und auch „schwarze Kassen" inkludierte, um Aufträge zu erhalten, ist heute illegal. Hier müssen KMU auf Null-Toleranz bestehen und Mitarbeiter und Geschäftspartner entsprechend sensibilisieren (vgl. CompliancePraxis 2013, o. S.).

9.5.9 Identifikationspolitik

Nach den Erfahrungen der Strafverfolgungsorgane sind auch Identifikationsdefizite von Mitarbeitenden, innere Kündigung, Burnout, Bore-out oder Unzufriedenheit mögliche Ursachen – und oft auch Rechtfertigungsgründe – für korruptes Verhalten. Identifikationsprobleme sind meist nicht direkt sichtbar, sondern müssen durch Evaluierungen, Feedbacks oder Mitarbeitergespräche ermittelt werden. Es können z. B. folgende Red flags für Identifikationsdefizite genannt werden:

- Unzufriedenheit mit Arbeit und/oder Geschäftsführung
- geringes Verantwortungsbewusstsein und Engagement bei der Aufgabenerfüllung („Dienst nach Vorschrift")
- niedrige Leistungsbereitschaft
- wenig Vertrauen in Vorgesetzte
- häufiges Involviertsein in Konflikten und Mobbing
- geringe Akzeptanz von Führungsentscheidungen
- eingeschränkte Loyalität
- hohe Absenzen.

9.5.10 Sanktionen

Falls sich beispielsweise aufgrund von anonymen Anzeigen oder internen Prüfungen der Anfangsverdacht bestätigt, dass Organisationsmitglieder oder Geschäftspartner in Korruptionsdelikte involviert sind, sollten unter Berücksichtigung des **Grundsatzes der Verhältnismäßigkeit** folgende Sanktionen erfolgen:

- Zur Rede stellen, um den Sachverhalt aufzuklären,
- Einschränkung von Befugnissen,
- Abmahnungen,
- Versetzung des Betreffenden in eine andere Funktion,
- Kündigung aus wichtigem Grund,
- Erstattung einer Strafanzeige,
- Schadenersatz fordern.

▶ Wichtig ist, dass vorgesehene Sanktionen **vollumfänglich, konsequent und entsprechend der Null Toleranz-Politik umgesetzt** werden; andernfalls leidet nicht nur die Glaubwürdigkeit, sondern auch die abschreckende Wirkung tritt nicht ein.

Die Praxis kennt das besorgniserregende Signal, dass mit Tätern aus der Leitungsebene oft nachsichtiger umgegangen wird als mit nachrangigen Mitarbeitern. Angesichts der hohen Schadenssummen, wenn Angehörige des Managements an Delikten beteiligt sind, und dem Erfordernis der Abschreckung müssen **Täter der Führungsebene** konsequent nach gleichen Maßstäben wie Mitarbeiter sanktioniert werden.

„Ich habe nur zwei Wege kennengelernt, die zu einem echten, tiefgreifenden, andauernden und raschen Kulturwandel geführt haben. Der erste Weg ist die Krise. Der zweite sind die Personalentscheidungen für die Schlüsselstellen. Ihr Zweck ist es, Menschen in einer Organisation in Positionen zu bringen, wo sie sichtbar das richtige Beispiel geben. Alle anderen Wege sind fragwürdig." (Malik 2005, S. 212).

9.6   Fortbildung

Dieser Punkt ist nahezu eine Selbstverständlichkeit, die sowohl in den OECD-Leitsätzen, in der UNCAC als auch in den Geschäftsgrundsätzen zur Korruptionsbekämpfung einen Fixplatz hat. Abschreckung vor fraudulenten Verhaltensweisen beginnt in den Köpfen der Führungskräfte und Mitarbeitenden.

Eine Belehrung einmal pro Jahr z. B. über die Annahme von Geschenken wird dem Präventionszweck sicher nicht gerecht. Besser wirken da schon Seminare, Workshops, E-Learning-Kurse und das Besprechen von **„Near misses"**.

Fortbildung und Schulung der Mitarbeiter sollte auf sachliche und nicht „generalverdächtigende" Weise erfolgen. Besonders gut eigenen sich Fallstudien anderer betroffener Stellen, verbunden mit der Frage: **Kann so etwas auch bei uns passieren?**

TI Austria hat – mittlerweile in dritter Auflage – ein **„ABC der Antikorruption"** entwickelt (vgl. TI Austria 2016, 2022), das vor allem bei Schulungen wirkungsvoll zum Einsatz kommen kann bzw. sollte.

Seminarinhalte sollten in bestimmten Zeitintervallen wiederholt bzw. aktualisiert werden, vor allem nach gesetzlichen Neuerungen. Zusätzlich zu den Seminaren sollten Mitarbeiter in Mitarbeitergesprächen sensibilisiert werden.

Lernprozesse sollten dabei sowohl als **single-loop-learning** (d. i. der Soll-/Ist-Vergleich von Zielen und Werten und im Falle von Abweichungen das Sanktionieren) als auch als **double-loop-learning** (dabei werden zusätzlich die Ziele und Werte kritisch hinterfragt, um bei Bedarf einen neuen Bezugsrahmen zu schaffen) ablaufen (vgl. Thommen et al. 2020, S. 615). Damit kann das IMS im KMU laufend neue Qualität bekommen (vgl. Stierle und Siller 2015, S. 332).

Wichtig ist in weiterer Folge **organisationales Lernen,** also der Prozess der richtigen Kalibrierung der Wert- und Wissensbasis, um die integre Handlungs- und die moralische Kompetenz im KMU zu erhöhen.

9.7 Kommunikation

Pkt. 6.6 der Geschäftsgrundsätze von TI zur Bekämpfung von Korruption lautet: Das Programm soll **intern und extern wirksam bekannt gemacht** werden; das Unternehmen soll seine Managementsysteme zur Bekämpfung von Korruption offenlegen und es soll auch für Rückmeldungen offen sein.

Ein Code of Conduct ist ein Instrument zur Kommunikation an Geschäftspartner und der PR. Bloßes Veröffentlichen der Regeln, Verhaltensgrundsätze und Verhaltensrichtlinien, z. B. auf der Homepage oder im Intranet wird sicher nicht reichen. Vielmehr muss der Inhalt des Kodex der Belegschaft **erklärt, erschöpfend begründet und ohne Tabus diskutiert** werden.

Eine solche Politik sollte auf allen Ebenen des Unternehmens kommuniziert werden und alle Mitarbeiter dazu verpflichten, ethische Standards einzuhalten (vgl. ESGvolution 2023, o. S.).

Eine Veröffentlichung der Antikorruptionsbemühungen hat Signalfunktion und kann möglichen immateriellen Schaden i. S. von Integritätsverlust und Rufschädigung der Organisation begrenzen bzw. hintanhalten; ganz nach dem Motto: **„Die tun was!"**

9.8 Reporting

Organisationsintern sollte regelmäßig z. B. über Neuerungen im Anti-Korruptions-Programm oder Meldungen im Whistleblowing-System ebenso berichtet werden wie über Neuerungen in der Anti-Korruptions-Gesetzgebung oder bekannt gewordene Korruptionsfälle in anderen Unternehmen oder Ländern.

In puncto **externes Reporting** sehen z.B. die GRI (Global Reporting Initiative) in GRI 205 Berichtspflichten bezüglich Korruption vor (vgl. Tab. 9.2).

Nachhaltigkeits- (ESG-)Berichtspflichten gelten **verpflichtend nur für große Unternehmen** (mit mehr als 1000 Beschäftigten) (vgl. EU-Kommission 2025, o. S.).

Wer nicht unter die Berichtspflicht fällt, kann aber einen Bericht erstellen, der einem **freiwilligen Standard** folgt. Orientierungsgröße ist dabei der **VSME** (Freiwilliger Berichts-Standard für KMU).

Tab. 9.2 Zu berichtende wesentliche Themen. (Quelle: GRI (https://www.globalreporting. org/))

Nr.	Berichtsfeld	Anzugebende Daten
	Management-Ansatz	
205-1	Betriebsstätten, die auf Korrup-tionsrisiken geprüft wurden	• Zahl und Prozentsatz der Betriebsstätten, die auf Korruptionsrisiken geprüft wurden, sowie erhebliche Korruptionsrisiken, die im Rahmen der Risikobewertung ermittelt wurden
	Kommunikation und Schulungen zu Richtlinien und Verfahren zur Korruptionsbekämpfung	• Zahl der Mitglieder des Kontrollorgans, der Angestellten und der Geschäftspartner, die über Richtlinien und Verfahren zur Korruptionsbekämpfung Kenntnis haben • Zahl der Mitglieder des Kontrollorgans und der Angestellten, die eine Schulung zur Korruptionsbekämpfung erhalten haben
	Bestätigte Korruptionsvor-fälle und ergriffene Maßnahmen	• Zahl und Art der bestätigten Korruptionsvorfälle • Zahl der bestätigten Vorfälle, in denen Angestellte aufgrund von Korruption entlassen oder abgemahnt wurden • Zahl der bestätigten Vorfälle, in denen Verträge mit Geschäftspartnern aufgrund von Verstößen im Zusammenhang mit Korruption gekündigt oder nicht verlängert wurden • Zahl der im Berichtszeitraum eingeleiteten öffentlichen Verfahren zu Korruption sowie die Verfahrensergebnisse

Darin finden sich in Pkt. 64 die folgenden Reporting-Erfordernisse: Sofern wesentlich, hat das Unternehmen anzugeben, ob es folgende Maßnahmen zur Unterstützung der Verhinderung von Korruption- oder Bestechungsfällen implementiert hat: a) Trennung von Zuständigkeiten b) Schulungen für seine Mitarbeiter c) etwaige Maßnahmen zur Behebung von Verstößen gegen vorgesehene Verfahren und Standards zur Korruptions- und Bestechungsbekämpfung (vgl. EFRAG 2024, S. 16).

Zusammenfassung und Ausblick

10

Korruption ist ein Macht- und Kontrolldelikt und eine Form von Wirtschaftskriminalität.

Aktive und passive Bestechung werden in Österreich oft immer noch als üblich und als Alltagsphänomen belächelt. Das spiegelt auch zum Teil das schlechte Ergebnis Österreichs im Ranking der internationalen Korruptionswahrnehmung (CPI) wider, und das trotz strengerer Gesetzgebung.

Korruption fängt nicht bei schlechten Vorbildern in der Politik an, sondern bei jedem Einzelnen: „Oft beim kleinen **„Schlawinertum"**, beim Pfuschen, dem steuerlich abgesetzten dienstlichen Abendessen, das keines war, dem „frisierten" Verlustersatzansuchen, der Beruhigung, dass die anderen beim Kindergartenplatz, der Umwidmung, dem Job für den Sohn oder der Genossenschaftswohnung ja auch jemanden haben, der „ein bissl anschiebt."" (Schliesselberger 2023, S. 1).

KMU und ihren Geschäftspartnern muss klar sein: Heute rechnet sich Korruption nicht mehr. Die **Kosten-, Haftungs- und negativen Imagefolgen** für Führungskräfte, Mitarbeitende und Organisationen sind heute nicht mehr kalkulierbar.

Es geht um eine geschätzte **potenzielle Schadenssumme in österreichischen KMU von über 30 Mrd. €.** Dafür sollte es sich für KMU schon lohnen, Korruption bestmöglich vorzubeugen und Korruption konsequent den Kampf anzusagen. Der Fokus sollte dabei auf Integrität, Anstand und Transparenz durch Führungskräfte, Mitarbeitende und Stakeholder und darauf aufbauend auf einem Bündel von Maßnahmen in verschiedenen Bereichen.

Der Perserkönig Kambyses ließ im 6. Jhdt. v. Chr. dem korrupten Richter Sisamnes **bei lebendigem Leib die Haut abziehen** und damit den Richterstuhl seines Nachfolgers Otanes beziehen (zur Mahnung findet sich dieses Motiv heute

H. Siller, *Korruption vorbeugen*, essentials, https://doi.org/10.1007/978-3-658-48835-2_10

noch auf Darstellungen in Rathäusern Norddeutschlands und der Niederlande; vgl. Ranke et al. 2004, S. 660).

Ist eine solche Lösung noch zeitgemäß? Nein, der derzeitige Umfang an Regelwerken – jedenfalls in Deutschland und Österreich – scheint grundsätzlich angemessen. Die Regeln bedürfen aber **konsequenter Anwendung** und es braucht einen anderen Weg: Den der Stärkung von Anstand, Integrität, Transparenz und effektiver Kontrollen und Sanktionen im Unternehmen.

Eine pessimistische Vorhersage: Solange Macht- und Geldgier die Welt regieren, werden Anstand und persönliches Ethos einen schweren Stand haben. Dann wird Korruption weiter eine Wachstumsbranche bleiben. In ehrlich geführten KMU sollten Integrität und Transparenz dominieren. Ganz im Einklang mit der Initiative „100 % Spiel – 0 % Gewalt" in Fussballstadien also: **100 % Leistung, 0 % Korruption.**

Die **Ideal-Lösung** lautet daher: **Transparenz, Integrität und persönlicher Anstand** (statt bloßer Anstands-Kodizes) **bei allen Stakeholdern.**

Sonst wird es trotz der Forderung von L. Annaeus Seneca: „Incorruptus vir sit …" (Unbestechlich soll ein Mann sein; vgl. Seneca 2000, S. 25) bei seiner bislang weltweit erfüllten Prophezeiung: „Manus manum lavat." – **Eine Hand wäscht die andere - bleiben.**

Was Sie aus diesem *essential* mitnehmen können

- KMU sollten sich systematisch gegen Korruption wappnen.
- Es braucht in Österreich deutlich mehr Psychohygiene statt Einstellungen wie „Es schaut eh´keiner her", „Ein bißchen was geht immer" oder „Geht nicht gibt´s nicht!".
- Korruption war, ist und bleibt die erste Pandemie – und seit Urzeiten ein Hemmnis für faires Wirtschaften.
- Vor allem dem Anfüttern und diverser „Freundschaftsdienste" gehört viel mehr Beachtung geschenkt, bei auffälligen Verhaltensweisen gilt es: Hin- statt Wegschauen! Und der Appell „Know your partner!" („KYP!") gehört konsequent gelebt.
- Das hier vorgeschlagene IMS sieht sieben Maßnahmenfelder vor: 1) Gestaltung der Unternehmenskultur, 2) Null Toleranz-Politik, 3) Gestaltung der Aufbauorganisation, vor allem durch IKS, HR, RM und ein Hinweisgeber-Schutz-System, 4) Gestaltung der Ablauforganisation, u. a. durch (HR-) Risikoanalysen, Kontrollen, Transparenz vor allem in Ein- und Verkauf sowie durch konsequente Sanktionen, 5) Fortbildung, 6) Kommunikation und 7) Reporting.
- Make integrity great again! (MIGA!)

© Der/die Herausgeber bzw. der/die Autor(en), exklusiv lizenziert an Springer Fachmedien Wiesbaden GmbH, ein Teil von Springer Nature 2025
H. Siller, *Korruption vorbeugen*, essentials,
https://doi.org/10.1007/978-3-658-48835-2

Literatur

ACFE. 2016. The fraud tree. https://www.acfe.com/fraud-resources/fraud-risk-tools---coso/~//-/media/files/acfe/pdfs/fraud-risk-tools/fraud-tree.pdf, 2016. Zugegriffen 26.3.2025.

ACFE. 2024. Occupational Fraud 2024: A Report To The Nations. https://www.acfe.com/-/media/files/acfe/pdfs/rttn/2024/2024-report-to-the-nations.pdf.. Zugegriffen 26.3.2025.

ACFE. 2025. What is fraud?. https://www.acfe.com/fraud-resources/fraud-101-what-is-fraud, Zugegriffen 26.3.2025.

Aigner, D. J., Aigner, H.-J., Aigner, D., Ebmer, C. und Stiegler, H. 2017. Krisen- und Sanierungsmanagement: Betriebswirtschaft und Recht vor, während und nach der Krise – leistungswirtschaftliche Sanierung – ein Managementkonzept für Krisensituationen, Linde, Wien.

BAK. 2018. Korruptionsprävention. https://www.bak.gv.at/301/files/Informationen_und_Empfehlungen_fuer_Verwaltung_und_Exekutive.pdf. Zugegriffen: 26.3.2025.

BAK. 2020. Korruptionsphänomene in Österreich aus Sicht des Bundesamts zur Korruptionsprävention und Korruptionsbekämpfung. https://bak.gv.at/bmi_documents/2565.pdf, Zugegriffen 26.3.2025.

BAK. 2022. Jahresbericht 2021. https://bak.gv.at/501/files/Jahresberichte/BAK_Jahresbericht_2021.pdf. Zugegriffen 26.3.2025.

BAK. 2024. Jahresbericht 2023. Bundesamt zur Korruptionsprävention und Korruptionsbekämpfung (BAK). https://bak.gv.at/bmi_documents/4165.pdf. Zugegriffen 26.3.2025.

BAK. 2025. Österreichischer Anti-Korruptionstag 2024. https://www.bak.gv.at/201/Anti_Korruptions_Tag_2024/files/AK_Tag_2024_Publikation_BF_19032025.pdf. Zugegriffen 26.3.2025.

Bak, P. M. (2024): Wirtschafts- und Unternehmensethik, 2. Aufl., Stuttgart.

Bannenberg B. 2009. Korruption. In: Schneider HJ (Hrsg): Internationales Handbuch der Kriminologie. Band 2. Besondere Probleme der Kriminologie, Berlin, S. 359–383.

Bannenberg, B. und Schaupensteiner, W. 2007. Korruption in Deutschland: Portrait einer Wachstumsbranche, 3. Aufl., München.

BKA. 2021. Korruption. https://www.bka.de/DE/UnsereAufgaben/Deliktsbereiche/Korruption/korruption_node.html. Zugegriffen 26.3.2025.

BKA. 2024. Bundeslagebild Korruption 2023. https://www.bka.de/SharedDocs/Downloads/DE/Publikationen/JahresberichteUndLagebilder/Korruption/korruptionBundeslagebild2023.html?nn=28078, 10.9.2024. Zugegriffen 26.3.2025.

© Der/die Herausgeber bzw. der/die Autor(en), exklusiv lizenziert an Springer Fachmedien Wiesbaden GmbH, ein Teil von Springer Nature 2025
H. Siller, *Korruption vorbeugen*, essentials,
https://doi.org/10.1007/978-3-658-48835-2

BMI. o. J. Nationale Anti-Korruptionsstrategie (NAKS). https://www.bak.gv.at/301/praeve ntion_edukation/anti_korruptionsstrategie/. Zugegriffen 26.3.2025.

CompliancePraxis. 2013. Studie: Das Profil des Wirtschaftskriminellen. https://www.compli ance-praxis.at/Themen/Aktuelles_Meinung/Archiv/Studie-_Das_Profil_des_Wirtschaf tskriminellen.html, 14.11.2013. Zugegriffen 26.3.2025.

CompliancePraxis. 2020. Publiziert: Studie zu Wirtschaftskriminalität in Österreich. https:// www.compliance-praxis.at/Themen/Aktuelles_Meinung/Archiv/Publiziert-_Studie_zu_ Wirtschaftskriminalitaet_in_Oesterrei.html, 3.5.2020. Zugegriffen 26.3.2025.

Die Presse. 2024. Korruption: „In Österreich spielen Netzwerke eine viel zu große Rolle". https://www.diepresse.com/19007308/korruption-in-oesterreich-spielen-netzwerke-eine-viel-zu-grosse-rolle?two-term-flow=true, 27.10.2024. Zugegriffen 26.3.2025.

Dimant, E. 2013. The Nature of Corruption: An Interdisciplinary Perspective. http://www. economics-ejournal.org/dataset/PDFs/discussionpapers_2013-59.pdf, 07.11.2013. Zuge-griffen 26.3.2025.

Eder-Rieder, M. 2014. Strafrechtliche und strafprozessuale Aspekte der neuen Korruptions-bestimmungen im österreichischen Strafrecht, ZIS 2. http://www.zis-online.com/dat/art ikel/2014_2_796.pdf. Zugegriffen 26.3.2025.

EFRAG. 2024. Voluntary ESRS for non-listed small- and medium-sized enterprises (VSME ESRS). https://www.efrag.org/sites/default/files/sites/webpublishing/SiteAs sets/VSME%20ED%20January%202024.pdf, Jän. 2024. Zugegriffen 26.3.2025.

Enste, D. H. 2021. Folgen von Korruption für Wirtschaft, Staat und Gesellschaft. https:// www.bpb.de/shop/zeitschriften/apuz/332695/folgen-von-korruption-fuer-wirtschaft-staat-und-gesellschaft/, 7.5.2021. Zugegriffen 26.3.2025.

Eschenbach, S. 2003. Sicherheit durch nicht rationales Entscheiden, Diss., Klagenfurt.

Eschenbach, R. und Siller, H. 2019. Controlling professionell, 3. Aufl., Stuttgart.

ESGvolution 2023. Welche Auswirkungen hat Korruption in Unternehmen?. https://www. esgvolution.com/de/wissen/unternehmensfuehrung/korruption/, 23.8.2023. Zugegriffen 26.3.2025.

ESGvolution. 2024. Anti Korruption: Korruptionsprävention in Unternehmen. https://www. esgvolution.com/de/wissen/unternehmensfuehrung/korruptionspraevention/, 15.2.2024. Zugegriffen 26.3.2025

EU-Kommission. 2003. Empfehlung der Kommission vom 6. Mai 2003 betref-fend die Definition der Kleinstunternehmen sowie der kleinen und mittleren Unternehmen, ABl. Nr. L 124/36. file:///C:/Users/HelmutSiller/Downloads/ empfehlung%20der%20kommission%20vom%206%20mai%202003%20betreffend-l_ 12420030520de00360041.pdf, 20.5.2003. Zugegriffen 26.3.2025.

EU-Kommission Deutschland. 2023. EU-Kommission will Korruptionsbekämpfung verstär-ken. https://germany.representation.ec.europa.eu/news/eu-kommission-will-korruptionsb ekampfung-verstarken-2023-05-03_de, 3.5.2023. Zugegriffen 26.3.2025.

EU-Kommission. 2025. Fragen und Antworten zum Omnibus-Paket. https://ec.europa.eu/ commission/presscorner/detail/de/qanda_25_615, 26.2.2025. Zugegriffen 26.3.2025.

Fellmann, I. 2010. Die „automatische" Korruption: Handbuch der Korruptionsprävention, Berlin.

Fellner, S. 2021. Skandale, Affären, Possen: Hat Österreich ein Problem mit Korruption?. https://www.derstandard.at/story/2000124325149/skandale-affaeren-possen-hat-oester reich-ein-problem-mit-korruption, 20.2.2021. Zugegriffen 26.3.2025.

Flatz, S. 2024. Untreue und Veruntreuung im österreichischen Strafrecht?. https://www.rechtsanwalt-flatz.at/untreue-und-veruntreuung-im-strafrecht/, 15.9.2024. Zugegriffen 26.3.2025.

Fonds online. 2022. Korruption: Österreich verliert 15 Milliarden Euro. https://www.fondsprofessionell.at/news/recht/headline/korruption-oesterreich-verliert-15-milliarden-euro-220827/, 15.12.2022. Zugegriffen 26.3.2025.

Göbel, E. 2010. Unternehmensethik, 2. Aufl., Stuttgart.

GRECO. 2021. Zweiter vorläufiger Umsetzungsbericht Österreich. https://rm.coe.int/vierte-evaluierungsrunde-korruptionspravention-bei-abgeordneten-richte/1680a63355, 3.12.2021. Zugegriffen 26.3.2025.

Griss, I. 2018. Wir brauchen eine Politikerhaftung. https://irmgardgriss.at/wir-brauchen-eine-politikerhaftung/, 12.11.2018. Zugegriffen 26.3.2025.

Heber, F. und Schäffer, A. 2017. „Hannoversche Korruptionsskala" misst individuelle Einstellungen zu Korruption. Compliance Praxis 3/2017. https://www.compliance-praxis.at/Themen/Aktuelles_Meinung/Archiv/-Hannoversche_Korruptionsskala-_misst_individuelle_Einstell.html, 1.9.2017. Zugegriffen 26.3.2025.

Heber, F., Seibold, S., Schäffer, A. 2019. Hannoversche Korruptionsskala Österreich-Version (HKS 38 Ö), Hochschule Hannover, 2. Auflage, 2019 (Personalpsychologie; Band 6). https://serwiss.bib.hs-hannover.de/frontdoor/deliver/index/docId/1356/file/Heber_Seibold_Schaeffer_2019_Manual_HKS_38_OE.pdf. Zugegriffen 26.3.2025.

Heber, F., Jungwirth, S., Schäffer, A. 2020. Korruption – Einstellung – Polizei. Hannover: Hochschule Hannover, Personalpsychologie; Band 9. https://de.readkong.com/page/korruption-einstellung-polizei-frank-heber-simone-7297869. Zugegriffen 26.3.2025.

Heinrich Böll Stiftung. 2021. Korruption. https://kommunalwiki.boell.de/index.php/Korruption, 7.2.2022. Zugegriffen 26.3.2025.

Hofmann, S. 2008. Handbuch Anti-Fraud-Management. Bilanzbetrug erkennen – vorbeugen – bekämpfen, Berlin.

IIA Austria (Hrsg.). 2004. [Institut für Interne Revision Österreich] Das Interne Kontrollsystem aus der Sicht der Internen Revision, Wien.

IIA Austria (Hrsg.). 2007. Wirtschaftskriminalität und Korruption in Deutschland, Österreich und der Schweiz. Ergebnisse einer Experten-Studie, Wien.

IJHO. 2025. Korrupte Definition » Was bedeutet Korruption genau?. https://ihjo.de/wissen-ideen/korrupt-definition/. Zugegriffen 26.3.2025.

ISO. 2025. Anti-bribery management systems. https://www.iso.org/obp/ui/en/#iso:std:iso:37001:ed-2:v1:en. Zugegriffen 26.3.2025.

Klitgaard, R. E., Mac Lean Abaroa, R., Parris H. L. 2000. Corrupt cities: A practical guide to cure and prevention, Oakland CA.

KMU Forschung. 2025. KMU-Daten. https://www.kmuforschung.ac.at/zahlen-fakten/kmu-daten/. Zugegriffen 26.3.2025.

Kobi, J-M. 2021. Personal-Controlling: Eine verkannte Controlling-Dimension ganzheitlich angehen. Eschenbach, R., Baumüller, J., Siller, H. (Hrsg.): Funktions-Controlling, 2. Aufl., S. 365–387.

Linssen, R., Kammigan, I., Pfeiffer, H. 2014. Korruptionsrisiken in der niedersächsischen Polizei. Kriminalistik, 1, S. 18–23.

Linssen, R., Schäffer, A., Heber, F. 2017. Die Gretchenfrage oder „Wie hast Du's mit der Korruption?" Ergebnisse der BAK-Studie „Einstellungen zu Korruption in Österreich", SIAK-Journal – Zeitschrift für Polizeiwissenschaft und polizeiliche Praxis, 2/2017, S. 17–27.

Malik, F. 2005. Management – Das A und O des Handwerks, Bd. I, Frankfurt.

Odenthal, R. 2014. Korruption im Gesundheitswesen. Kriminalistik, 4, S. 224–227.

Olfert, K. 2010. Personalwirtschaft, 14. Aufl., Herne.

Phalanx Sicherheitsberatung. 2025. Das Fraud Triangle (Betrugs-Dreieck). https://forensic-services.com/das-fraud-triangle-betrugsdreieck. Zugegriffen 26.3.2025.

pwc. 2020. Wirtschaftskriminalität: Österreichische Unternehmen unzureichend vorbereitet. https://www.pwc.at/de/newsletter/forensic-services-update/gecs.html. März 2020. Zugegriffen 26.3.2025.

pwc. 2021. HinweisgeberInnenschutzgesetz (HSchG): Was bringt die Umsetzung der EU Whistleblowing Richtlinie?. https://blog.pwclegal.at/hinweisgeberinnenschutzg esetz-hschg-was-bringt-die-umsetzung-der-eu-whistleblowing-richtlinie/, 9.6.2022. Zugegriffen 26.3.2025.

Ranke, K., Brednich, R.W., Bausinger, H. 2004. Enzyklopädie des Märchens: Handwörterbuch zur historischen und vergleichenden Erzählforschung, Band 11, Berlin.

Reiß, C. 2007. Der Psychologische Integritätstest (PIT). https://www.personaler-online.de/typo3/nc/personalthemen/suche-in-artikeln/detailansicht/artikel/der-psychologische-int egritaetstest-pit-interview-mit-dr-hoffmann.html, 11.8.2007. Zugegriffen 26.3.2025.

Rödl & Partner. o. J. Prüfung von Compliance Management Systemen nach IDW PS 980. https://www.roedl.de/themen/compliance-management-gesundheitswesen/pruefung-von-compliance-management-systemen. Zugegriffen 26.3.2025.

Saitz, B. 2010. Compliance in mittelständischen Unternehmen. Theoretische Anforderungen und pragmatische Ansätze zur Umsetzung, in: Wieland, J., Steinmeyer, R., Grüninger, S. (Hrsg.). Handbuch Compliance-Management. Konzeptionelle Grundlagen, praktische Erfolgsfaktoren, globale Herausforderungen, Berlin, S. 147–170.

Schein, E. H. 1985: Organizational Culture and Leadership, San Francisco u. a.

Schliesselberger, H. 2023. Wo fängt Korruption(sbekämpfung) an? Salzburger Nachrichten vom 13.1.2023, S. 1.

Schutzverband. o. J. Wirtschaftskriminalität. http://www.wirtschaftskriminalitaet.at/start. html, Zugegriffen 26.3.2025.

Seneca, L. A. 2000. De vita beata, Reclam, Stuttgart.

Sickinger, H. 2011. Formen und Verbreitung von Korruption in Österreich. https://www.ver waltung.steiermark.at/cms/dokumente/11851468_74835812/d51bd898/Sickinger_For men%20und%20Verbreitung%20von%20Korruption_.pdf. Zugegriffen 26.3.2025.

Siedenbiedel, G. 2014. Corporate Compliance. Grundelemente der strukturellen Integration von Compliance-Konzepten, Herne.

Siller, H. 2011. Normatives Controlling, Wien.

Siller, H. 2014. Korruptionscontrolling. CFOaktuell, Nr. 2, März, S. 68–71

Siller, H. 2015. Unternehmerisches Wissen für Selbständige. Wien.

Siller, H. 2018. Anti-Korruptions-Controlling: Wie Unternehmen gegen Korruptionsrisiken vorsorgen sollten, in: Eschenbach, R., Baumüller, J., Siller, H. (Hrsg.). Controlling. 21-mal Bindestrich-Controlling für die Praxis, Wien, S. 9–34.

Siller, H. 2023. Korruptionsbekämpfung durch Stärkung von Anstand, Transparenz und Kontrolle, in: Wehe, D., Siller. H. (Hrsg.). Handbuch Polizeimanagement, Band 2, 2. Aufl., S. 985–1006, Wiesbaden.

SN. 2023e. Deutsche schützen Whistleblower stärker, Salzburger Nachrichten vom 26.1.2023, S. 2.

Stadt Wien. 2009. Eine Frage der Ethik. Handbuch zur Korruptionsprävention, 2. Aufl., Wien.

Steindl, K. 2023. Eine fast vergessene Tugend. https://wirtschaft-und-ethik.com/2016/10/23/anstand-eine-fast-vergessene-tugend/. Zugegriffen 26.3.2025.

Stierle, J., Siller, H. 2015. Praxishandbuch Korruptionscontrolling. Konzepte – Prävention – Fallbeispiele, Berlin.

Stockhammer A M. 2011. Politische Korruption in Österreich, Diplomarbeit, Universität Wien. In: http://othes.univie.ac.at/13474/1/2011-03-07_0471324.pdf. Zugegriffen 26.3.2025.

Stoiber, G. 2025. Schnellere OP gegen Geld in Österreich, in: Salzburger Nachrichten, 18.3.2025, S. 1 und 4.

Stoiber, G. 2025a. Politiker unter Verdacht: „Standards verändert", in: Salzburger Nachrichten, 6.3.2025, S. 5.

Thommen, J.-P., Achleitner, A.-K. 2006. Allgemeine Betriebswirtschaftslehre – Umfassende Einführung aus managementorientierter Sicht, 5. Aufl., Wiesbaden.

Thommen, J. P., Achleitner, A.-K., Gilbert, D. U., Hachmeister, D., Jarchow, S., Kaiser, G. 2020. Allgemeine Betriebswirtschaftslehre – Umfassende Einführung aus managementorientierter Sicht, 9. Aufl., Wiesbaden.

TI Austria. 2011. Mehr Transparenz in den Spitälern. https://ti-austria.at/2011/07/07/mehr-transparenz-in-den-spitaelern/, 7.7.2011. Zugegriffen 26.3.2025.

TI Austria 2016. Das ABC der Antikorruption. https://www.ti-austria.at/wp-content/uploads/2016/01/Das-ABC-der-Antikorruption-2.-Auflage.pdf. Zugegriffen 26.3.2025.

TI Austria. 2021a. Was ist Korruption? in: https://ti-austria.at/was-ist-korruption/, abgerufen 26.3.2025.

TI Austria. 2021b. Corruption Perceptions Index 2024, in: https://ti-austria.at/, abgerufen 26.3.2025.

TI Austria. 2022. Das ABC der Antikorruption, 3. Aufl., in: https://ti-austria.at/wp-content/uploads/2022/06/TI_ABC_v6_RZ_Druck.pdf, abgerufen 26.3.2025.

TI Austria. 2023. Kleine Gefälligkeiten – große Probleme. https://ti-austria.at/wp-content/uploads/2023/06/TI_Korruption_hat_viele_Gesichter_A5_v6_RZ_Ansicht.pdf. Zugegriffen 26.3.2025.

TI Austria. 2025. Korruptionsindex (CPI) 2024 – Ergebnisse. https://ti-austria.at/2025/02/11/korruptionsindex-cpi-2024-ergebnisse/. 11.2.2025. Zugegriffen 26.3.2025.

TI Austria. o. J. Leitfaden für Hinweisgeber und Unternehmen Whistleblowing. file:///C:/Users/HelmutSiller/OneDrive%20-%20ELC%20E-Learning-Consulting%20GmbH/weka_Hinweisgeber-TI-AC-Leitfaden.pdf. Zugegriffen 26.3.2025.

TI Deutschland. 2014. Führungsgrundsätze für kleine und mittlere Unternehmen zur Bekämpfung von Korruption. https://www.transparency.de/fileadmin/Redaktion/Publikationen/2014/Fuehrungsgrundsaetze_KMU_TransparencyDeutschland_2014.pdf. Zugegriffen 26.3.2025.

TI International. 2003. Geschäftsgrundsätze für die Bekämpfung von Korruption. https://doczz.fr/doc/1376475/gesch%C3%A4ftsgrunds%C3%A4tze-f%C3%BCr-die-bek%C3%A4mpfung-von-korruption, Juni 2003. Zugegriffen 26.3.2025.

TI Schweiz. 2021. Korruptionsprävention und -bekämpfung. Ein Ratgeber für Schweizer KMU. https://transparency.ch/wp-content/uploads/2021/09/Ratgeber-KMU.pdf. Zugegriffen 26.3.2025.

Tpa. 2019. Geschäftsessen und Anfütterungsverbot?. https://www.tpa-group.at/news/geschaeftsessen-und-anfuetterungsverbot/, 10.5.2019. Zugegriffen 26.3.2025.

Tschiggerl, T. 2021. Postenschacher aus der Sicht der Korruptionsprävention. Compliance-Praxis 4/2021. https://www.compliance-praxis.at/Themen/Management_Organisation/Aktuell/Postenschacher_aus_der_Sicht_der_Korruptionspraevention.html, 7.12.2021. Zugegriffen 30.1.2023.

TÜV Austria. 2025. Lösung: Anti-Korruptions-Managementsystem-Zertifizierung – ISO 37001. https://www.tuv.at/anti-korruptions-managementsystem-zertifizierung-iso-37001/. Zugegriffen 26.3.2025.

Urschitz, J. 2019. Gegen üblen Postenschacher hilft nur radikale Privatisierung. https://www.diepresse.com/5676295/gegen-ublen-postenschacher-hilft-nur-radikale-privatisierung. 19.8.2019. Zugegriffen 26.3.2025.

Values Academy. 2025. Transparenz. https://www.values-academy.de/transparenz/. Zugegriffen 26.3.2025.

Wells, J. T., Kopetzky, M. 2012. Wirtschaftskriminalität in Unternehmen. Vorbeugung & Aufdeckung, 2. Aufl., Wien.

WKO. 2024a. Antikorruptionsbestimmungen. Was versteht man unter Korruption?. https://www.wko.at/unternehmensrecht/antikorruptionsbestimmungen, 26.7.2024. Zugegriffen 26.3.2025.

WKO. 2024b. HinweisgeberInnenschutzgesetz – Umsetzung der EU-Whistleblowing-Richtlinie. https://www.wko.at/unternehmensrecht/hinweisgeberinnenschutzgesetz-umsetzung, 25.7.2024. Zugegriffen 26.3.2025.

WKO. 2024c. Verbandsverantwortlichkeitsgesetz ("Unternehmensstrafrecht"). https://www.wko.at/unternehmensrecht/verbandsverantwortlichkeitsgesetz, 25.7.2024. Zugegriffen 26.3.2025.

}essentials{

Helmut Siller

Cybersecurity in Organisationen

Cyberangriffe in Österreich und
Maßnahmen zu ihrer Bekämpfung
und zur Prävention

Springer Gabler

Schärft das Bewusstsein für
Cyberprävention und professionelles
Cyberrisiko- und
-Compliancemanagement in
Organisationen

Part of SPRINGER NATURE